# 222

## recetas
## de
## felicidad

### Brenda Barnaby

éxitos de
autoayuda

ROBIN
BOOK

© 2016, Redbook Ediciones, s. l., Barcelona

Diseño de cubierta e interior: Regina Richling

ISBN: 978-84-9917-390-0
Depósito legal: B-11.163-2016

Impreso por Sagrafic
Plaza Urquinaona 14, 7º-3ª 08010 Barcelona
Impreso en España - *Printed in Spain*

*«No es sencillo encontrar la felicidad en nosotros mismos pero no es posible encontrarla en otro lugar.»*

Agnes Repplier

# Introducción

Decía Henry David Thoreau a través de su personaje Walden: «Me dirijo a la masa de hombres descontentos que se quejan inútilmente del rigor de sus destinos o de los tiempos que corren, cuando pueden mejorarlos».

Quizá sea una forma impactante de comenzar un libro, pero no es tan inapropiada si pensamos en el sentido al que apunta. La premisa fundamental de este libro, el eje rector, consiste en dar a entender que es posible cambiar, que se puede ser diferente, que existen muchísimas posibilidades para modificar el rumbo de ese famoso y supuesto «destino inalterable». El hombre es como la arcilla y puede adaptarse a una multiplicidad de entornos y situaciones, nada es inamovible ya que todo es energía y esta se transforma permanentemente.

Así que presentaremos este libro como si fuera un medicamento, con sus respectivas indicaciones, contraindicaciones y posología, para comenzar de manera inmediata el proceso de autocuración.

## Composición:

Cuentos, testimonios, recomendaciones, chistes, moralejas, altas dosis de optimismo, algunos retos, desafíos, pasos a seguir.

## Acerca del envase:

Páginas con historias y sugerencias para solucionar problemas y vivir de una manera más apacible y feliz.

## Actividad:

Este libro es eficaz para eliminar el dolor corporal, sentimental y emocional.

## *Posología:*

No deberá leerse de corrido, sino lentamente para reflexionar sobre cada tema e incorporar los conceptos a la vida diaria.

## *Contraindicaciones:*

Personas que están convencidas de que no se puede cambiar y que no creen en los textos de autoayuda.

## *Precauciones:*

No exceder la dosis recomendada en posología.

## *Advertencias:*

La lectura de este libro puede llevarlos a realizar cambios de hábito y ponerles una sonrisa en el rostro. Manéjese con precaución.

# Ámate con los ojos bien abiertos

*La vida te trata tal y como tú te tratas a ti mismo.*

Louise L. Hay

Te cuesta aceptarte así como eres, no te amas lo suficiente. Sencillamente, no estás conforme con la imagen que te devuelve el espejo ni con los resultados que has obtenido hasta ahora en tu larga o corta existencia. Pero resulta que la clave para tener una buena calidad de vida pasa primero por aceptarte tal y como eres, con tus errores, deficiencias tal vez, carencias por qué no, y con tus fealdades (según los parámetros culturales actuales). Al mismo tiempo, también con tus virtudes, porque es seguro que las tienes, solo que padeces una especie de ceguera que no las deja ver. Es que con frecuencia tenemos la percepción mucho más focalizada hacia nuestros puntos flojos que hacia los fuertes y eso hace estragos en nuestra autoestima. Enumera tus virtudes y tus logros, ponlos también en la balanza y verás que logras un resultado positivo. Cuando tomas en cuenta estos factores, el amor propio se incrementa y produce un cambio en el pensamiento y en la actitud.

Inténtalo… haz una lista de todas las cosas buenas que hiciste y todos los dones que posees… seguro te sentirás de otra manera.

# Cuidar a los mayores

«No puedo más –repetía Martín–, tengo mi mujer, mi trabajo, mis hijos, los colegios y encima tengo que ir todos los días a casa de mi padre a ver si no le falta nada. De los tres hijos que tiene, soy el que más se responsabiliza y no doy más de mí. Ya no tengo tiempo para cuidarlo. Hablaré en estos días con mis hermanos para ver si entre todos pagamos un geriátrico».

Cuántos hijos hablan así de sus padres… no tienen paciencia, ni tiempo, ni ganas de cuidarlos. Es triste, muy triste, pues se olvidan que ellos dedicaron su juventud a atenderlos, darles una educación, acompañarlos en su crecimiento, estar presentes en los buenos y malos momentos, en la salud y la enfermedad. Puede ser que algunos no hayan sido los mejores padres del mundo, por su naturaleza humana pudieron haber cometido errores, pero no por ello se los debe abandonar o tratar con indiferencia.

Querer a tus mayores es quererte a ti mismo, es respetar y respetarte y, por cierto, es darles a tus hijos un excelente ejemplo.

Cuando te das un tiempo para acciones de amor, este cariño te vuelve multiplicado, le confiere otra calidad a tu vida, te hace crecer espiritual y amorosamente. No te pierdas el honor, el privilegio de estar con tus padres, abuelos, tíos, aunque sea un breve lapso, y abrázalos y cuídalos con amor.

# Paraíso o infierno: cama matrimonial

*(...) Nos quedábamos en la cama hasta las diez, maltrechos y exhaustos por la crueldad de la noche pasada (...) como un par de boxeadores entre asaltos.*

Amos Oz

Puede ser algo muy agradable para algunos, para otros un infierno. Si bien dormimos con alguien en quien confiamos y que queremos, compartir la cama no es grato para todos, pues unos roncan, tiran de las sábanas, patean, dan codazos, sufren insomnio, se levantan varias veces para ir al baño, etcétera. Entonces, en vez de ser el lecho un lugar para el placer y el descanso, es otro factor más para estar estresados. Por lo tanto, en estas circunstancias, tener un sueño reparador y levantarnos de buen humor puede suponer un auténtico desafío.

Así, será importante llegar a un acuerdo con el o la compañera para poder descansar confortablemente por las noches. Hay quienes están en contra de vivir bajo un mismo techo durmiendo en camas separadas; no obstante, en situaciones críticas puede representar una magnífica solución para terminar con el problema. Otros optan por adquirir un somier más grande o hacer la cama mucho más cómoda.

De todo esto, sin embargo, lo fundamental es poder descansar sin llegar a pelearse con la pareja.

Siempre hay que apelar al ingenio para resolver este tipo de cuestiones y no llegar a una crisis que termine en derrota.

Si es necesario, se podría incluso recurrir al querido sillón de la sala de estar (un período cada uno), si con eso se logra un descanso placentero y sin peleas.

# Las claves que puedes encontrar en tus sueños

Desde la Antigüedad el hombre ha tratado de brindarle un significado a sus sueños. Los estudió para comprender su propia vida e incluso predecir acontecimientos. La propia psicología les presta mucha atención a ellos… y es que algo quieren decir. Eso es seguro. A veces soñamos con gente desconocida, amigos, familia, paisajes extraños o conocidos. Todos están cargados de significado y todos quieren mostrarnos algo. Por ello es interesante tomarlos en cuenta y tratar de entender qué es lo que quieren señalar o comunicar. En ciertas ocasiones, cuando negamos algún hecho doloroso, el sueño nos hace ver esa realidad que no queremos aceptar. De hecho, los sueños abrigan algo muy lindo e interesante. A veces aparecen en ellos respuestas que de manera consciente no hallaríamos de ninguna forma. La neurociencia, por ejemplo, afirma que nuestro cerebro necesita, para resolver problemas, un poco de distracción y sueño, pues cuando uno duerme, la mente se libera del control del pensamiento y genera soluciones diferentes. Cuántos científicos

resolvieron ecuaciones o distintas cuestiones durante un sueño reparador: Mendeléiev y su tabla periódica, el modelo atómico de Bohr, por mencionar algunos.

De modo que, sin caer en falsas interpretaciones o delirios, sería bueno prestar atención a esos «avisos» que nos dan los sueños, pues pueden brindarnos ciertas claves de utilidad en la vida diaria y sacarnos de un laberinto.

# Aprende a manejar el poder de la concentración

Supongamos que deseas aprender a concentrarte: puedes, por ejemplo, centrar tu atención en la llama de una vela. Debes, pues, tratar de guiar todo tu pensamiento hacia ella, sentirla, verla solo a ella. Que todo tu cuerpo esté consciente de su presencia y de ninguna otra cosa. Si aparecen otros pensamientos, lentamente trata de apartarlos y volver a esa llama. Mírala, descríbela, ve todos sus colores y movimientos. Toda tu atención debe confluir en ese punto.

Al principio será difícil tal objetivo, pero con el paso de los días, cada vez estarás más cerca de él y así como te concentras en una llama podrás hacerlo con un texto, una idea, una persona, etcétera.

Durante la concentración perfecta, afirmaba Swami Abhedananda, se observa que el ritmo de la respiración cambia, de modo que cuando aprendemos a controlar la mente, también podemos hacerlo con el cuerpo.

Esto, después de tiempo de práctica, puede ser sumamente útil para estudiar, plantearnos objetivos, bajar el nivel de estrés, encontrar soluciones a problemas, entre otras cosas.

# Sobre el agradecimiento

Muchos hacen cosas solo para sentirse importantes, para que les agradezcan, para que otros se sientan en deuda con ellos... estas personas, en realidad, deberían agradecer a quien hicieron el regalo.

Un cuento de Anthony de Mello dice así:

«El monasterio se estaba quedando pequeño y hacía falta construir un edificio mayor, por lo que un comerciante extendió un talón por valor de un millón de dólares y lo puso delante del Maestro, el cual lo tomó y dijo:

–¡Estupendo! Lo aceptaré.

El comerciante quedó decepcionado: aquella era una enorme suma de dinero, ¡y el Maestro ni siquiera le había dado las gracias...!

–Hay un millón de dólares en ese talón...–le dijo–.

–Ya me he dado cuenta.

–Aunque yo sea un hombre muy rico, un millón de dólares es mucho dinero...

–¿Deseas darme las gracias por ello?

–¡Eres tú quien debería darlas!

–¿Por qué yo? Es el donante quien debe ser agradecido –dijo el Maestro–».

# Disfruta no solo la meta, sino el camino que conduce a ella

*No has de esperar que Ítaca te enriquezca:*
*Ítaca te ha concedido ya un hermoso viaje.*

Kavafis

Habrás visto que en muchas ocasiones se hace hincapié en tener objetivos. Eso es correcto. También es correcto prestar atención y disfrutar el camino que conduce a esa meta, si no, perderás cada momento importante de tu vida. Esto debe quedarte claro. Si deseas conocer Grecia y te encuentras en España, bien por ti, pero disfruta cada kilómetro que recorres hacia ese destino. Si quieres comprarte una casa y para ello debes trabajar mucho y ahorrar, es perfectamente cierto que debes focalizarte en la adquisición; sin embargo, no debes dejar de disfrutar y gozar cada paso pequeño que das hacia ese punto.

Muchos nos olvidamos del camino que conduce al objetivo y nos ponemos impacientes, sufrimos, pensamos solo en él y perdemos cientos de vivencias maravillosas que se presentan a diario y que son dignas de tener en cuenta, pues nos brindan alegría y cariño.

No desperdicies el tiempo, no pierdas experiencias, todo debe saborearse hasta llegar a lo propuesto.

# No trates de imponer tu visión del mundo

Es cierto... cada uno tiene una realidad propia y, por lo general, quiere imponerla a quienes lo rodean. ¡¡¡Terrible error!!! No existe una visión del mundo para todos igual, sino que varía de persona en persona. Si bien hay una base común a todos, de lo contrario no sería posible ningún tipo de sociedad, existen variables bastante personales.

Es importante reconocer el punto de vista del otro, aceptarlo y tratar de entenderlo, pues ello significa buena comunicación y coexistencia. Recuerdo una anécdota que leí en un libro, que decía:

«Un hombre estaba colocando flores en la tumba de su amigo, cuando vio a un chino poner un plato con arroz en la tumba vecina. Al primer hombre le hizo gracia la actitud del chino y le preguntó:

—Disculpe señor, ¿de verdad cree usted que el difunto comerá ese arroz?

—Sí–respondió–, cuando el suyo venga a oler sus flores».

A veces no nos damos cuenta de que nuestro punto de vista puede ser tan válido o ridículo como el de cualquiera. Por ello es fundamental aceptar y tratar de entender otras perspectivas sin avasallar ni reírse de los otros. Muchas peleas, matanzas, venganzas ocurren por ser tajantes en cuanto a la propia opinión, y por imponerla, por creerla mejor, se aplasta a quien se opone a ella. Abre tu mente, escucha lo que piensan los demás, puedes no estar de acuerdo, pero saber que existen otras formas de sentir y ver al mundo te hace crecer como persona.

# Prueba la magia del Ho´oponopono

Este sistema de perdón, reconciliación y sanación es el empleado desde antaño por sanadores hawaianos y en la actualidad ha llegado hasta Occidente por sus buenos resultados. Requiere acallar la mente, frenar sus lógicas ilógicas, calmarla para ponernos en contacto con nuestros sentimientos y emociones más nobles.

Lo que propone esencialmente no es la idea de «pide al universo y se te concederá», sino que hace hincapié en la imperiosa necesidad de realizar el bien y de rectificar todo aquello que no hicimos correctamente.

Es un método sanador que produce mucha sanidad mental y espiritual, pues es necesario focalizarse en reparar errores, comunicarse amorosamente con quienes nos rodean, para lo cual es fundamental enunciar unas palabras clave de esta técnica: «Lo siento, perdóname, te quiero, gracias».

Ten en cuenta que no se trata de que te culpes por lo que has hecho, sino de hacerte responsable por los errores cometidos, comprometerte a no reiterarlos y transformar las actitudes equivocadas en amor y compasión hacia ti y los demás.

## Cómo conservar la salud

En una ocasión le preguntaron a Nasrudim:

—Dinos, Maestro, ¿qué hay que hacer para mantener el cuerpo sano y nunca caer enfermo?

A esto Nasrudim respondió:

—Debes tener en cuenta cuatro principios fundamentales: tener los pies calientes, la cabeza fresca, cuidar la vestimenta y, por sobre todo, nunca pensar demasiado.

# Ordenar el hogar para hacerlo nuestro espacio más cómodo

*Aquel que encuentra la paz en su hogar, ya sea rey o aldeano, es de todos los seres humanos el más feliz.*

Johann Wolfgang von Goethe

Un día sumamente ajetreado en la calle. Trámites. Transportes públicos. Tránsito. Presión por doquier. La oficina es un torbellino de actividades. Qué bueno es llegar a casa y sentir que estamos en nuestro pequeño nido confortable, nuestro remanso de paz y armonía.

Pero para recibir tal sensación no deben faltar ciertas características que no transformen ese lugar tan especial para nosotros: la disposición de los muebles, la iluminación, el orden, la limpieza, los aromas, los sonidos. Todo contribuye a conformar esa atmósfera que necesitamos para obtener la calma tan ansiada después de un día muy pesado.

A mucha gente le gusta aplicar el arte del feng shui, a otra, pintar o decorar con un determinado estilo y color. Los más osados contratan constructores para colocar otra ventana, dividir un ambiente o instalar un sistema de calefacción central. Sin embargo, la idea no es invertir fuertes sumas de dinero, pues no todos las tienen, pero sí hacer pequeñas modificaciones en el hogar que lo conviertan en el oasis tan vital para sentir confort y seguridad.

# Reconoce tus límites

Infartos, depresiones, enfermedades, desilusiones, peleas, desgastes son algunos de los resultados que se pueden obtener cuando no se quiere tomar conciencia de las limitaciones que se posee. Si puedes solo tomar tres trabajos ¿por qué aceptas cinco? Si puedes terminar la obra en agosto ¿por qué te exiges y te comprometes para julio? Si no te es posible asistir a esa fiesta ¿por qué aceptas ir aunque estés con un cansancio feroz?

La mayoría vive inmersa en una vorágine desesperante y demoledora que lleva a cada uno a su propio punto de quiebre y lo supera, convirtiendo a un ser humano en un despojo humano. La codicia y la ambición desmedidas suelen ser en buena parte motores que desencadenan estas actitudes, pero también hay otro mecanismo que muchos aprendimos desde pequeños: es la autoexigencia, el miedo al fracaso, el temor de no poder demostrar todo lo que somos capaces de hacer. En el fondo, se trata de inseguridades, malos aprendizajes y toda una cultura basada en la explotación del hombre por el hombre.

Deja, pues, de sobreexigirte, respétate, acepta que algunas cosas puedes hacerlas y otras no, y da privilegio a tu descanso y armonía. Eso vale más que mil billetes.

# *Fortalece tu tolerancia a la incertidumbre*

*La intolerancia a la incertidumbre parece ser el factor central
implicado en los elevados niveles de inquietud.*

Michel J. Dugas

*I*ba y venía de una «vidente» que le decía cuándo encontraría a su pareja, cuándo ganaría montones de dinero y cuándo obtendría ese premio que tanto deseaba. Sin embargo, los resultados no eran los esperados, la desesperación invadía su vida y la depresión lo llevó a un punto del que solo pudo salir con grandes esfuerzos.

La incertidumbre, tanto como la respiración, forma parte de la vida misma. Nacemos con órganos, piernas, brazos y con incertidumbre… como si fuera una parte nuestra más. Nadie sabe qué pasará de aquí en dos minutos y por eso es tan importante aprender a manejarse con ella. Así como aprendimos a caminar, a leer, a maniobrar con herramientas, también es fundamental aprender a manejarse con esta gran incógnita. No existen iluminados que conozcan el futuro, no hay actividad que garantice lo que sucederá en adelante.

Es, por tanto, vital adquirir la capacidad de lidiar con ella, de aceptar esta situación como inevitable, para estar más tranquilos. De nada sirve preocuparse, hacer listas, consultar con gurúes, hacer cálculo de probabilidades de riesgos. Nunca se sabe qué ocurrirá. Si bien uno puede prevenir ciertas situaciones o prepararse para posibles eventos, eso no debe restarnos tranquilidad. Más allá de las medidas que tomes, si no aprendes a convivir con la incertidumbre nunca dejarás de sentir miedo.

Aprende a diferenciar entre conducta responsable y la búsqueda de la certeza absoluta. La primera te puede ayudar a proyectar y organizar, la otra solo te desgasta y te lleva a dar pasos erróneos.

# ¿No te haces valer en el trabajo?

Quien no sabe hacerse valer en el trabajo tampoco puede lograrlo en otros ámbitos porque, aquí, de lo que estamos hablando es de autoestima. Una sana autoestima sabe imponer respeto en el lugar y la circunstancia en que se encuentre. Lamentablemente, hay demasiada gente que desde pequeña no fue educada en el amor y para amarse a sí misma. Las consecuencias son evidentes… un ser inseguro que no se halla en situación de defender su valía.

Para colmo de males, la economía y la cultura financiera no ayudan a que un empleado pueda hacer valer sus derechos o imponer condiciones, con lo cual empeora su circunstancia. De modo que ante tantos factores, lo mejor es relajarse, no sufrir u odiarse por no saber imponerse, sino adoptar una actitud paciente y educada, tratar de hacerse respetar y si la persona que tenemos enfrente no lo hace, hay dos opciones: irse del trabajo o no tomarla en cuenta, porque una persona avasalladora e irrespetuosa no es digna de merecer nuestra atención ni de ser tenida en cuenta. A un jefe autoritario, un gerente maleducado, un compañero opresor o dominante, respóndeles con cortesía pero no te conviertas en su víctima. No les sigas el juego del maltrato. Concédeles un instante de atención como para ver qué es lo que solicitan de ti y luego trabaja tranquilamente sin desmoronarte. La vida son tus hijos, tu familia, tu hogar. El trabajo en sí (no la carrera o profesión) solo debe ser un instrumento para obtener un fin.

# *Cumple las promesas que te haces a ti mismo*

El lunes empiezo la dieta. La semana que viene me anotaré en gimnasia. A partir de esta noche comeré más sano para controlar la presión y el colesterol. El domingo sí o sí comenzaré a prepararme para el examen.

¿Cuántas veces lo hemos repetido a lo largo de nuestra vida y nunca cumplimos con lo dicho? Y resulta que, aunque no lo parezca, estas promesas no cumplidas socavan lentamente nuestra autoconfianza y estima porque de antemano sabemos que cuando prometemos algo no vamos a tener la fuerza para cumplirlo, y ese mismo sentimiento lo plasmamos en todo lo que realizamos. Para reforzar nuestra confianza y valía es fundamental recuperar y sostener el valor de nuestra propia palabra, incluso hasta en las pequeñas cosas. Cumplir con lo prometido nos hace sentir más fuertes, aumenta nuestra credibilidad y refuerza nuestras relaciones con los demás.

Demóstenes afirmaba que las palabras debían sostenerse con los hechos y eso es precisamente lo que de aquí en más debes proponerte para darle un giro saludable a tu vida y aumentar tu autoestima.

# A mi padre

*A Dios doy gracias por ser mi padre.*
*Por tus reproches y consejos.*
*Por el bien que me enseñaste*
*y de mi ser siempre cuidaste.*
*(…)*
*Caballero noble y parco,*
*me enseñaste a luchar.*
*Aspirando siempre a lo más alto*
*y a mis sueños no renunciar.*

*Por tus palabras de aliento*
*en mis momentos más tristes.*
*Por tus silencios elocuentes*
*que me calman dulcemente.*
*(…)*
*Por instruirme en la vida*
*y enseñarme a no mentir.*
*Por preocuparte por mis problemas*
*y recompensa no pedir.*
*(…)*
*Por cumplir con tus deberes.*
*Porque nunca me fallaste.*
*Porque contigo contar siempre puedo.*
*Hoy y siempre mi amor te entrego.*
*(…)*
*Por todo esto padre, te aprecio,*
*y a Dios de nuevo agradezco*
*por en mi vida tenerte a ti.*

Mario Benedetti

# Bellas melodías que elevan tu espíritu y alegría

Dicen que la música calma a las fieras, ¿no? ¿Por qué, entonces, no utilizarla para calmar nuestras fieras internas, nuestros monstruos que nos estorban y nos afligen?

La música es una gran herramienta para cambiar los estados de ánimo, para lidiar con el decaimiento y la tristeza. Incluso cuando se padecen problemas de nervios, se logra bajar los decibeles y calmarse.

Obviamente, es importante elegir una melodía adecuada para cada circunstancia ya que, por ejemplo, si estamos «bajo mínimos» y nos ponemos algo de Wagner, seguramente tendremos que hacer mucho esfuerzo para no arrojarnos de un balcón. La idea es acompañar los diferentes estados de ánimo con una melodía adecuada para esa circunstancia, ya que de a poco puede llevarnos a cambiar el humor y promover otros estados mejores.

También es muy buena «la terapia del canto», esto es, tomar clases para aprender a entonar mejor, formar parte de un coro, aprender a tocar instrumentos, pues aquello armoniza nuestro espíritu y modifica el estado anímico que atravesamos.

A través de la música limpiamos nuestra mente, la desconectamos de los pensamientos desagradables, nos relajamos, apaciguamos las tempestades emocionales, incrementamos notablemente nuestra creatividad e, incluso, hay quienes afirman que la calidad del sueño se mejora mucho. Platón mismo decía que la música era para el alma lo que la gimnasia para el cuerpo. Así que ponte la música que más te guste y comienza a danzar. Será realmente terapéutico.

*Quien canta, sus males espanta.*

Miguel de Cervantes Saavedra

# No tienes que dar lástima para encontrar gente que te quiera

lbert Ellis, en su libro *Cómo vivir con un neurótico*, explica lo siguiente: «Muchas personas buscan servilmente el aprecio de los demás a expensas de su dignidad. En su afán por conquistar cariño y aprobación, reverencian como esclavos a sus parientes y allegados, se rebajan ante ellos y, después, se reprochan a sí mismas por haberlo hecho únicamente para sentirse más inseguras y rechazadas que nunca. Además, debido a que odian sus propias tendencias aduladoras, suelen tratar de compensar esta falla invirtiendo su conducta y mostrándose hostiles hacia las personas cuyos favores procuran».

Sé que, a muchos, estas palabras del Dr. Ellis les tocarán más de una fibra sensible, pero son tan ciertas como que dos más dos son cuatro. La propuesta en este caso es no buscar el aprecio o el cariño rebajándote; de hecho, esa actitud genera una respuesta contraria. El amor y la aceptación no se buscan, sino que se ganan. La forma correcta, por llamarlo de alguna manera, es expresarte y ser tal y como eres, sin faltar el respeto o avasallar, obviamente, a nadie. Si caes bien, es bueno para todos. Si no, desvincúlate de estas personas y relaciónate con otras que seguramente acepten cómo eres. Se trata de no cambiar tu ser para que te dejen entrar en un grupo, sino que te digan: «Ven, nos gusta cómo eres, camina con nosotros». Si no manifiestan eso, no vale la pena su compañía.

# Al mal tiempo ponle buena cara

Si bien hay hombres y mujeres a los que les gustan la lluvia, los días nublados y la niebla, existen otros a los que realmente les hace mal, sufren, se ponen muy tristes, deprimidos, se les cambia la calidad del descanso y sienten angustia.

No es algo fuera de lo común, de hecho, muchas personas lo padecen. Lo ideal, si te sientes así, es hacer sesiones de fototerapia, tomar un poquito de sol (no en horas peligrosas) y realizar actividades al aire libre cada vez que el clima te lo permita y que la casa tenga muy buena iluminación. Ese tema es crucial. Para no sentirte abatida ante los días grises o lluviosos, tener la casa bien iluminada ayuda a pasar mejor el momento.

Hoy en día, hay muchos recursos que están a tu alcance para que puedas lograr un cambio de ánimo. No te conformes con sentirte mal. No debes acostumbrarte a la tristeza. Si bien tampoco debes estar las veinticuatro horas sonriendo, porque también forma parte del equilibrio tener momentos más serenos y meditabundos, no es bueno que pases días enteros con ese sentimiento de malestar.

Si llueve, haz en tu casa actividades que te estimulen y te pongan bien o ejercicios en gimnasios cerrados, una salida en paseos de compras… hay miles de opciones. Otra posibilidad es abrigarse hasta las orejas si padeces el frío, ponerse muchos colores encima, algo de música y salir a caminar. Caminar, correr y andar en bicicleta ayudan enormemente a energizarte y sentirte mejor.

# Una de las causas por las que te enfermas

i hemos de ponerle nombre, aquí lo tienes: incoherencia. Cuando deseas realizar una cosa y haces otra, cuando quieres contestar algo y respondes de otra manera, cuando necesitas descansar y trabajas más duro aún, estás ante un proceso de contradicciones que no hacen más que llevarte a la enfermedad. Tener una vida sana implica ser coherentes con nosotros mismos, comer cuando tenemos hambre (no por gula), dormir cuanto tenemos sueño (en vez de trabajar más o salir de parranda), no desviarnos del plan trazado, etcétera.

Nuestro cuerpo y nuestra mente nos dan avisos, nos dicen: «Para ya, tienes que relajarte, detente con los dulces, deja ya el cigarrillo, vete a dormir, no juegues más con la tableta porque tienes la vista cansada, en vez de salir de juerga dedícate a ese objetivo que te pusiste, no te metas más en deudas pues vas a tener que hacer más horas extras, no corras, haz lo que tengas que hacer pero lentamente...».

Si no escuchamos nuestras propias necesidades, incurrimos en una gran incoherencia que nos lleva directo a la enfermedad.

# Una ausencia tan estimada

La muerte es irremediable, la persona que amábamos ya no estará con nosotros y es irremplazable. Se produce un vacío que sólo el tiempo, con sus manos gentiles, de a poco atenuará, pero que nuestra memoria no borrará. Es posible que muchos crean que se encontrarán, en otra vida, en una reencarnación, como almas, con su ser querido y suele ser un gran consuelo, pero eso depende de la creencia que posea cada uno. Sin embargo, en este mundo material, la persona querida desaparece y con ella sentimientos, vivencias, sensaciones compartidas. Entonces… hacer el trabajo de duelo no implica decir «no importa, olvidaré, seré feliz, reemplazaré a esa persona con la presencia de otra», sino «me duele su ausencia, extrañaré su compañía, con el correr del tiempo iré acostumbrándome a la verdad simple y llana… ya no está conmigo».

De eso se trata elaborar el duelo: darse tiempo para tranquilizarse y, de a poco, acostumbrarse a ese lugar en nuestra cotidianeidad que queda desocupado, porque lo cierto es que podemos conocer a muchas personas, pero cada una tiene su sitio especial en nuestra mente y nuestro corazón. Llorar, estar triste, sufrir, forman parte del ritual del duelo, pero no es sano que aquello se convierta en algo crónico. Cada día, hay que levantarse y tratar de luchar contra la tristeza, hacer fuerza para encarar la jornada de manera apaciguada, con un poco más de alegría a pesar del dolor. Y cuando la calma se instale lentamente y la congoja se retire, podremos seguir adelante.

# Diez principios metafísicos para ser feliz,

1. No hablar ni permitir que se hable nada contrario a la perfecta salud, la felicidad y la prosperidad.

2. Hacer sentir a todo ser viviente que lo consideramos valioso.

3. Buscar el lado bueno a todo lo que nos ocurre y les acaece a los demás.

4. Pensar en todo lo mejor, esperar lo mejor y trabajar, únicamente, para lo mejor.

5. Sentir el mismo entusiasmo por lo bueno que les ocurre a los demás que por lo bueno que nos ocurre a nosotros.

6. Olvidar los errores del pasado y seguir adelante con los triunfos.

7. Mantener una expresión agradable en todo momento y sonreír con todos los seres con que se contacta.

8. No perder el tiempo con críticas hacia los demás y dedicar ese tiempo a mejorarnos.

9. Hacerse lo suficientemente fuertes para que nada perturbe la paz de nuestra mente.

10. Ser lo suficientemente grande para no preocuparse, lo suficientemente noble para no enfurecerse, lo suficientemente fuerte para no temer y lo suficientemente feliz para permitir la presencia de algo negativo.

Conny Méndez

# El poder de las afirmaciones

Tina, cada vez que despertaba, se paraba frente al espejo y hacía un repaso de todo lo que creía que eran sus defectos. Durante el resto del día aprovechaba cualquier conversación para mencionar esa lista de defectos (que ella creía absolutamente verídica). «De aquí me sobra carne…, mi nariz es puntiaguda…, mis dientes están torcidos…». A fuerza de tanta repetición, después no hubo manera de convencerla de lo contrario.

Cuán importante es que prestes atención al vocabulario que empleas, a lo que dices, a cómo te tratas, pues cada vez que enuncias algo, no se pierde en el espacio sino que se graba en tu mente. Dejas una marca en ella. Por tal motivo, si diariamente te acostumbras a repetirte frases optimistas con «buena vibración», tarde o temprano se generará un efecto altamente positivo en ti. Ayúdate con oraciones cortas que expresen buenos deseos o cosas bellas de ti. No lo dudes. Rápidamente sentirás el beneficio de este trabajo.

## Mirar una flor

(…)

«La naturaleza es bella en sí misma: el agua cristalina, el trino de cualquier ave, la flor del monte, el desierto, todo, absolutamente todo es bello cuando hay unos ojos humanos capaces de descubrir la hermosura. La Tierra es nuestra madre y debemos amarla y respetarla como a un ser querido, tratarla con la misma dulzura que a alguien que estimamos. Hay que educar a los niños en este amor a todo lo creado. (…) Necesitamos ojos puros, serenos, oídos limpios, atentos, para poder descubrir la belleza de la naturaleza y adorar a su Creador. Los santos descubrieron la huella de Dios en los «bosques y espesuras plantados por la mano del Amado».

*Parábolas para una vida más feliz*, de Eusebio Gómez Navarro

# Acerca de las conclusiones que sacamos de nuestras experiencias

Con las experiencias vividas nos manejamos en el presente y hacemos, también, predicciones con respecto a las posibilidades que tendremos en el futuro. De aquí la importancia de sacar buenas conclusiones de estas experiencias ya que si hacemos deducciones erróneas, descuidadas o poco elaboradas, lo más probable es que traigan consecuencias desagradables para nuestra vida. Por ejemplo, mucha gente, después de una mala relación de pareja, concluye que TODOS los hombres son malos o que TODAS las mujeres son malas. Nada peor que esto, pues estaremos anulándonos para rearmar nuestra vida amorosa. Generalizar a partir de una o pocas vivencias es el error más común y perjudicial que existe, ya que no nos deja avanzar o abrirnos a nuevas alternativas. Nos torna rígidos y prejuiciosos. NO DEJES QUE ESTO TE OCURRA.

# *Sobre la esperanza*

*U*n factor primordial a tener en cuenta, entonces, es la esperanza. Es un estado de ánimo positivo, «una forma de ser, una disposición interna», una creencia en que ocurrirán cosas buenas. No es posible crearla. Está en nosotros o no, pero sí se la puede estimular y hacer crecer. ¿De qué manera? Lucha contra toda visión pesimista, trata de pensar lógicamente y hallar argumentos que contrarresten estas visiones. Plantéate metas de las que sepas que te brindarán paz y alegría e incrementarán tu fe en la vida, traza los caminos que recorrerás para llegar a esos objetivos, pues tener pasos que realizar genera más expectativas ante el futuro, motívate con la búsqueda de aquellas características buenas que hay en ti… Puedes creer que no las tienes, pero si reflexionas llegarás a encontrarlas y, algo vital, no te desmorones ante el primer obstáculo que encuentres, sigue adelante, persevera, no detengas la marcha hacia esa ruta que trazaste.

# Dile no a la moda, vístete como te dé la gana

*Todo lo que es moda pasa de moda, el estilo jamás.*

Coco Chanel

Las tiranías no sólo se relacionan con ciertos tipos de gobierno, sino con muchas otras cuestiones, como por ejemplo, la moda. Fundamental para cada uno es sentirse libre de ponerse lo que desea y lo que le haga sentir comodidad y conformidad.

Usar los colores de la temporada no sirve de nada si no son los que están acordes con tu personalidad. Ten siempre presente que debes vestirte con lo que te queda bien y no con lo que se usa. Ponte prendas que estilicen tu figura o que resalten u oculten lo que más te llama la atención de tu cuerpo. Juega con las gamas de colores que te hagan sentir aquello que deseas transmitir al mundo: seriedad, vivacidad, alegría, etcétera. Cada color tiene su propio significado y manejarlos es importante si se desea exteriorizar una imagen particular. Por otro lado, no olvides que la moda tiende a uniformar y, por lo tanto, a eliminar particularidades. De modo que, en cierto sentido, te camufla en la multitud y te borra, no te muestra como un ser único e irrepetible. Así que cuando te vistas, piensa primero en qué es lo que quieres mostrar de ti y luego en lo que se usa o no.

*Para ser irremplazable, uno debe buscar siempre ser diferente.*

Coco Chanel

# Actividades ecologistas

Realmente, dejar de mirarse el ombligo, salir de la campana de cristal en que se vive y ponerse a hacer algo por el bien común es, además de un gran paso, una tarea que para algunos puede resultar titánica y de gran esfuerzo. En su libro *El milagro más grande del mundo*, Og Mandino se expresa con estas palabras: «La mayoría de nosotros construimos prisiones para nosotros mismos y después de vivir ahí por algún tiempo nos acostumbramos a sus paredes y aceptamos la premisa falsa de que estamos encarcelados para siempre».

Cuando uno se preocupa únicamente por su pequeño mundo y no intenta salir de él, queda atrapado sin remedio en un sitio de incomunicación, tristeza y, obviamente, egoísmo. Esa situación empobrece y aísla. Es bueno asomarse, salir y ver qué se puede hacer por el mundo en que vivimos… No es necesario salir en el *Rainbow Warrior* de Greenpeace y detener balleneros japoneses, alcanza con pequeñas acciones de colaboración.

# Confeccionando tu currículum vítae

Un excelente antídoto contra la tristeza, la desilusión, la apatía, la desazón, es realizar un examen exhaustivo de todas tus buenas cualidades y un recuento de tus logros. Muchas veces puede parecerte que nada de lo que has hecho tiene mérito; sin embargo, si lo piensas con detenimiento, lo más seguro es que estés en un error. Para mirar el presente y el futuro con optimismo hace falta que tengas siempre presente aquellas metas que alcanzaste (sin importar si eran impresionantes o pequeñas), la familia y las amistades que te rodean, los estudios realizados, aquello que con tu esfuerzo lograste construir o adquirir. Todo suma, todo es importante. Es como armar un currículum viate para presentarse en una empresa: se vuelcan allí todos los méritos, estudios realizados, cargos ocupados, para obtener el puesto. ¡Cuántas veces han aparecido cosas que nos han asombrado a nosotros mismos! Ver el currículum armado nos asombra muchísimo y nos hace sentir mejor y mejor posicionado para hacer frente a la búsqueda laboral. En este caso, la finalidad de este currículum no es convencer a una empresa sino a nosotros mismos de nuestras capacidades y de nuestro valor.

## Las cosas están ahí a tu alrededor, debido a ti

Tú las atraes. Si sientes el infierno a tu alrededor, eres tú quien lo ha atraído. No te enfades por ello, no empieces a luchar contra ello; no sirve de nada. Lo has atraído tú, tú lo has invitado; ¡Tú lo has creado! Y tus deseos se han realizado: lo que necesitabas está a tu alrededor. Y entonces empiezas a pelearte y a enfadarte. ¡Lo has conseguido!

# Haz elecciones inteligentes

*Jamás dejes que las dudas paralicen tus acciones. Toma siempre todas las decisiones que necesites tomar.*

Paulo Coelho

Cuando debemos tomar decisiones, es probable que el miedo actúe como un «paralizador». Nos provoca angustia equivocarnos, sobre todo cuando la situación que debemos resolver es compleja. Compartir un apartamento con tu pareja, elegir una carrera, separarse, dejar un trabajo, por mencionar algunas. Elegir es todo un reto. Si al miedo sumamos la baja tolerancia a la incertidumbre, todavía complicamos más las cosas. Seleccionar, decidir forma parte de la vida, posponer indefinidamente una resolución es ilógico y contrario al ser y existir. Primero es necesario tomar en consideración que el temor estará siempre presente, pero se lo puede atenuar un poco con fuerza y coraje. En segundo lugar, si bien cada acto implica una consecuencia, no hay razón para pensar que los resultados serán negativos, debes dejar lugar a la posibilidad de que el resultado sea positivo; tercero, es primordial la reflexión para analizar la magnitud de lo que se producirá a partir de la elección realizada (posibles ventajas y desventajas).Acalla esas voces internas que tratan de frenarte, evalúa todas las opciones con serenidad y actúa en consecuencia.

# Bendice cada día y cada cosa

Es importante que comprendas la magnitud de este concepto: cada segundo, cada vivencia, cada cosa que posees, cada sentido que tienes es un milagro. Por lo tanto, estar feliz y bendecir todo ello es fundamental.

Reconocer la importancia de cada pequeñez que te ocurre o que posees es garantizarte una vida feliz y plena.

No seas derrotista, aprende a valorar todo y derrama bendiciones. Di gracias por todo. Es imposible practicar «el arte de la bendición» y no sentir sus resultados, esto es, felicidad, bienestar, amistad y amor. Y aunque te encuentres con gente negativa, de todos modos trátalos bien y no les devuelvas el maltrato porque, de esta manera, cortarás esa mala energía y no te afectará a ti. Las bendiciones, la gratitud y el buen trato constituyen un poderoso protector y, al mismo tiempo, generador de muy buenas cosas.

Disfruta tus vacaciones, no las padezcas.

—El loro se lo dejaremos a tu madre.

—Tú pídele a tu amiga que por unos días cuide de nuestro perro.

—Tendremos que trabajar horas extras para cubrir este gasto.

—¿Has puesto a punto el automóvil?

—¿Quién se ocupará de armar las maletas?

—¿Ya contratamos todo con la agencia de turismo?

En una verdadera carrera contra el tiempo y la salud, en muchos casos, se transforma el irse de vacaciones. Se entra en una vorágine de estrés que no brinda ni paz ni felicidad. En un tiempo corto se trata de hacer lo que no se hizo durante el año. Entonces, no desaparecen del escenario ese malhumor y esa irritabilidad que se sufre por el cansancio, que son los que en realidad nos impulsan a hacer un corte y dedicarnos al paseo y al disfrute. Y si no se toman las medidas pertinentes, pueden afectar nuestra salud. Los preparativos y los períodos vacacionales suelen ser para muchos altamente estresantes, debido a las exigencias que se autoimponen:

hay que preparar… hay que recorrer… hay que visitar tal lugar… hay que… hay que… ¿Y qué pasa con el verdadero propósito de ese tiempo de descanso y disfrute tan merecidos? No es tal, sino que se convierte en una prolongación del trabajo, porque se halla repleto de obligaciones, metas y cronogramas. De modo que es fundamental disminuir la velocidad y tranquilizarse para comenzar a considerar las vacaciones como lo que verdaderamente son: un momento para despejar la mente, relajarse y disfrutar. Si encaras los preparativos con alegría y expectativa, es decir, que los disfrutas, se trata de un hecho positivo y que ayudará a desestresarte. Pero si organizar itinerarios, comprar pasajes, armar maletas, etcétera, te deja *knockout*, más bien te hará quedarte en casa y dedicarte a leer, ir al cine, pasear por tu ciudad. Tenlo en cuenta.

# Acaba con el síndrome posvacacional

El síndrome posvacacional se refiere al estrés que algunos padecen tras sus vacaciones porque deben hacer frente a una readaptación a las tareas laborales, los horarios y las exigencias que por un momento estuvieron interrumpidas. Generalmente, toda situación nueva o readaptación produce reacciones físicas y psíquicas, como nerviosismo, insomnio (a veces), mal humor, angustia, pero en ocasiones se agudiza cuando de un lapso sin compromisos laborales, rendimientos ni horarios se pasa a un sistema con todo ello. La vuelta, pues, al trabajo puede transformarse en algo preocupante y sumamente irritante. De hecho, durante los primeros días laborales puede bajar el rendimiento y sentir uno más cansancio que antes de salir de vacaciones. Este estrés puede ser incluso aún más notorio en aquellos a los que no les gusta su trabajo o sufren maltrato en él. Todo esto nos lleva a concluir en la importancia de una adaptación adecuada… ¿de qué manera? En los primeros días de trabajo, no llenar la agenda con actividades, sino priorizar el descanso, tomarse las obligaciones con seriedad pero no con gravedad, hacer pequeños cortes de descanso durante el día, tratar de no sobrecargarse de tareas, ir resolviendo de a poco lo más urgente.

La manera más cordial y distendida de afrontar el año laboral, entonces, consiste en retomar las actividades con calma, lentamente, sin sobreexigirse.

# Para tener en cuenta antes de realizar un compromiso

*Promete poco y cumple mucho.*

Demófilo

Establece con claridad lo que deseas prometer. Evita toda confusión o afirmaciones que den lugar a interpretaciones erróneas. No te comprometas si no estás seguro de que es posible cumplir.

Tampoco prometas para quedar bien en una situación. Tu palabra debe ser dada tras una reflexión y teniendo en cuenta que podrás realizar lo prometido.

Que tu objetivo sea lo más específico posible.

Que la promesa hecha sea realista, pues si te propones algo delirante o desmesurado, lo más seguro es que no puedas cumplirlo y eso te llevará a la decepción, y tu palabra perderá validez ante quienes te rodean.

No prometas para seducir o manejar a otra persona. Es muy triste mentir para sacar ventaja.

# Domina los monstruos que hay en ti

Estos demonios que debemos manejar con cuidado pueden tener diferentes aspectos: inercia, codicia, cizaña, vicios, entre otros. Lo importante es aprender a dominarlos y reemplazarlos por costumbres o actitudes más saludables. Esos monstruos son emociones y creencias destructivas y autodestructivas que, de no controlarlas, producen todo tipo de consecuencias negativas. Quien más quien menos, todos poseemos nuestros propios demonios que fueron adquiriendo forma con las vivencias y los aprendizajes diarios. Cuando los dejamos actuar libremente, minan nuestra salud mental y física, impiden el desarrollo social y afectivo, ponen obstáculos en el camino.

De modo que el primer paso es identificarlos y ver qué daños nos generan para saber cómo manejarlos y frenar su influencia. No hay nada más nocivo que dejarnos llevar por ellos. Luego, se trata de reemplazarlos por hábitos que, lejos de lastimarnos, nos ayuden a vivir más alegre y plenamente.

# ¿Eres dependiente emocionalmente?

*Ser emocionalmente independiente (desapego) (…), no es patrocinar una autonomía egoísta y sobrevalorada, sino desarrollar la capacidad de reconocer y prescindir de aquello que obstaculiza nuestro mejoramiento personal.*

Walter Riso

Mantener una dependencia emocional extorsiva (generar culpa en el otro, o lástima) no sólo es improductivo sino que no tiene buen fin para ninguna de las partes. Lo mismo sucede cuando aceptamos cualquier cosa por estar al lado de otro que no nos ama… para ello accedemos a cualquier pedido. Lamentablemente, en vez de crear un vínculo sano se crea uno completamente enfermo, hasta el punto de que, a veces, el supuesto culpable impone condiciones cada vez más imposibles de sostener y aquello, finalmente, termina en una mala ruptura.

Tengamos en cuenta que en este tipo de relaciones ambos son víctimas y culpables a la vez, puesto que suele producirse una ida y vuelta de culpa, violencia, desplantes, obsesiones, rechazos indiferencias, por mencionar algunas cosas.

Si te encuentras envuelta en una relación de este tipo, trata por todos los medios de salir de ella, ya que si no lo haces, estas situaciones turbulentas se convierten en modo de vida áspero, indeseable y sumamente enfermizo.

# Si necesitas creer

*Necesito creer que existe algo que dé a mi vida razón para luchar. Que me inspire a sentir que yo sí valgo, que mi esperanza no me puede fallar.*

*Que todo no es maldad y sufrimiento, que hay muchas cosas buenas para lograr; que con tenacidad y un buen aliento, lo que yo quiero lograré alcanzar.*

*Y creo en ti, Señor del Universo, tú que has sido tan bueno para mí, no me defraudes, no me seas adverso, porque yo sobre todo creo en ti.*

*(…)*

*Si de verdad tienes a Dios como Amigo sabrás insistir hasta derrotar el desaliento. No dejes de esperar y de luchar.*

Rabindranath Tagore

# Si sonríes serás más feliz aún

Hay teorías como las de James (1884) y de Lange (1885) que proponen que los procesos fisiológicos influyen fuertemente en las emociones y determinan cuán potentes serán estas. De hecho, en pruebas realizadas, se demostró que las expresiones faciales, más que reflejar una emoción la provocan. En otras palabras: si pones cara de enojado te enojarás, si sonríes estarás más alegre. Muchos han discutido esta teoría, sin embargo es completamente cierto que si vas caminando por la acera encorvado y con cara triste, inevitablemente te sientes deprimido. Si corriges esta posición y este gesto, de a poco el humor va cambiando y el día se ve bastante mejor. Es cuestión de intentarlo. Hay miles de teorías y cada una es adecuada para un determinado grupo de personas. Quizá debas ejercitarte en esto de corregir las expresiones y posturas, y con seguridad te sentirás mejor. Si es necesario, ponte frente a un espejo y practica posturas, gestos, sonrisas y verás qué diferencia importante se produce en tu imagen.

# Cada uno tiene su carácter… acéptate tal como eres

El psicólogo Rafael Santandreu explica en su libro *El arte de no amargarse la vida* que «el carácter está formado por una serie de rasgos innatos, pero también por toda una serie de aprendizajes adquiridos en la infancia y la juventud, y es sobre esa estructura mental donde se puede actuar». Es decir, queda claro que nada «está todo dicho acerca de uno» sino que siempre existe la posibilidad de realizar cambios, no necesariamente drásticos, pero cambios al fin. A veces podemos modificar algo que no nos gusta de nosotros mismos y otras aprendemos a convivir con aquello que nos desagrada o nos enamoramos de ese rasgo, pues nos da identidad…y eso también es un cambio.

El ser humano, salvo que estemos hablando de casos patológicos, nunca deja de aprender y cambiar… A veces son tan pequeñas esas transformaciones que pasan desapercibidas, pero están presentes y nos dan cuenta de que estamos vivos, porque la existencia se alimenta de este tipo de cosas: vivencias, aprendizajes y cambios.

# Para creer en Dios

Para muchos, la casualidad es imposible: afirman que no existe el azar en la naturaleza ya que todas las cosas funcionan lógica y matemáticamente. De hecho, el poeta y filósofo inglés Coleridge dijo algo muy hermoso: «La casualidad no es sino un sinónimo de Dios (o la Naturaleza) para aquellos casos particulares en los que Él decide no aparecer abiertamente».

Se trata de una visión particular para analizar la realidad circundante. Algunos prefieren no creer en nada y otros depositan sus vidas en manos de algo o alguien superior a ellos. Se sienten amados y contenidos por un ser todopoderoso que los cuida.

En *Un curso de milagros* hay una frase muy clara y emotiva: «La única carencia que realmente necesitas corregir es tu sensación de estar separado de Dios». Enric Corbera, asimismo, continúa diciendo al respecto: «No eres consciente de que eres tú mismo el que se priva de algo».

Veamos: no se trata de que de un día para otro tomemos la decisión de creer en Dios, pues esta emoción y esta creencia surgen naturalmente. Lo que sí podemos decidir es abrirnos a la posibilidad de Su existencia, permitirse la duda. Es un principio…, así nace el comienzo de una búsqueda, de esa presencia omnisciente creadora y poderosa.

Se comienza siempre con la duda, la búsqueda.

# Goza y experimenta cada segundo

Un discípulo le pregunta a su Maestro:
–¿Cuál es el secreto de la sabiduría?
El maestro contesta:
–Cuando como, como; y cuando duermo, duermo.
–Pero eso lo hacen todos– le dice el discípulo–.
Su mentor le explica:
–No es verdad. La mayoría de las personas cuando come piensa en mil cosas diferentes; cuando duerme, sueña con miles de cosas. Yo, amigo mío, cuando como, como; y cuando duermo, duermo. Y así me entreno en la sabiduría.

Nuestra mente funciona de una forma muy compleja y hasta podría decirse rara, pues fluctúa permanentemente entre el pasado y el futuro y no suele tomarse tiempo para disfrutar o contemplar el presente. Todo el tiempo trabaja sin cesar. Jamás descansa. Recopila información de todos los episodios vividos, elabora probabilidades y propone estrategias para más adelante...; el presente sólo forma parte de su alimentación para la proyección del futuro. Es todo un entrenamiento hacer que la mente se detenga en el ahora y disfrute de la belleza de un amanecer, la calidez de un día soleado, el aroma de una rica comida, el gusto de un delicioso café o el frágil y al mismo tiempo duradero lazo con la gente querida. Para ella todo es recopilación y planificación. Dadas así las cosas, es vital educar nuestra mente para que también tenga la capacidad de vivir el momento. Deberás, entonces, tomarte tu tiempo y reeducarte. Saber detenerte y absorber y embeberte del preciso momento en el que estás viviendo. Vive conscientemente saboreando lo bello que te sucede aunque sea durante unos escasos segundos, pero no te lo pierdas.

# No dramatices más: no te ayuda en nada

No quedan dudas respecto de que muchos somos artistas fabulosos… Si nos lo propusiéramos, estaríamos a la altura de cualquier estrella de cine cuando se trata de hacer un drama alrededor de alguna circunstancia. Es que existe una tendencia muy generalizada a hacer de un pequeño problema un drama. En vez de tomarlo entre las manos, analizarlo y ver la mejor manera de resolverlo teniendo en cuenta que sólo se trata «de algo quizá complicado, algo quizá triste, algo quizá difícil», lo elevamos a la categoría de TERRIBLE y al colocarle esa etiqueta nos paralizamos o disminuimos nuestra capacidad de resolución. Decir que algo es terrible y hacer de ello todo un drama no sólo agiganta el problema sino que nos ciega, nos hace tomar resoluciones poco claras e incluso contraproducentes.

Párate frente a tu enemigo, estúdialo, velo con todas tus luces, con toda tu inteligencia, no te desbordes y enfréntalo sabiamente, sin hacer escenas, sin magnificarlo, y verás entonces que te será posible encontrar salidas coherentes y tranquilas para todo lo que se interpone en tu camino hacia la felicidad.

# Contra los desórdenes alimenticios

*Comer es una necesidad, pero comer de forma inteligente es un arte.*

La Rochefoucauld

Los trastornos alimentarios son tan comunes que ya es alarmante; esto produce no sólo problemas de peso sino serias consecuencias en la salud. La gente quiere tapar con la comida sus problemas emocionales y psicológicos. Muchos tienen una visión completamente distorsionada de su cuerpo y otros creen evadir sus preocupaciones cuando sus bocas están llenas. Lo cierto es que dejar de comer (anorexia) o comer en exceso (bulimia) o comer hasta «no dar más» no sólo no resuelve nada sino que agrava los problemas que ya tenemos. Se ha agregado también, hace un tiempo, la denominada vigorexia, término que se emplea para la gente absolutamente obsesionada con las dietas y el ejercicio, por temor a no mostrarse fuertes y con un físico imponente. Cualquiera sea la patología, el punto es que todas producen, además de malestar, problemas en las relaciones amorosas y de amistad, pues es poco probable tejer un vínculo sano cuando media una obsesión. De tal modo, es fundamental recurrir a médicos (clínicos y psicólogos) para luchar contra esta problemática, porque desmejora seriamente la calidad de vida y hace que el que la padece se aísle lenta y paulatinamente. Así son las obsesiones.

# ¿Matas moscas a cañonazos?

Esta expresión se aplica a las acciones de ciertas personas que despilfarran recursos y energía en exceso para conseguir algo que no necesita tanto. Por lo general esto ocurre cuando nos hallamos descontrolados, desbordados: en vez de generar soluciones para los problemas, acentuamos estos, puesto que nos desgastamos y estresamos en niveles insólitos, hasta para las tareas más inocuas. Si te encuentras en ese estado, debes organizarte, respirar hondo, calmarte, ordenar bien las ideas, hacer prevalecer sobre todo la lógica y luego actuar. Puede resultar difícil al principio porque, como en todo en la vida, los primeros pasos son los más complicados; pero una vez que se adquiere el hábito de reflexionar antes de actuar, todo se hace más fácil, las decisiones se toman de manera más sabia y se aprende a destinar la energía justa a cada cuestión.

Es importante que aprendas a manejar tus recursos, pues de ellos dependen tus proyectos, tus planes para el futuro. Si tienes una caja de herramientas, al clavo debes darle con el martillo y no con el serrucho. En la vida es lo mismo.

Reedúcate, conserva la calma y, antes de hacer algo, piensa bien primero qué solución aplicarás al problema que tienes frente a ti. Sólo así podrás conservar la tranquilidad y vitalidad necesarias para las otras tantas actividades diarias que tienes.

# Si deseas crecer espiritualmente

Swami Abhedananda, apóstol de Sri Ramakrishna, siempre decía: «No importa si creéis o no en Dios, si tenéis o no fe en los profetas, pues para lograr la perfección espiritual lo único esencial es tener autocontrol, concentración, veracidad y amor desinteresado por otros».

Dicho de otra manera, si aspiras a ser feliz a través del sendero espiritual, no es necesario creer en un dios, un sacerdote, un rabino, un santo o una virgen, sino realizar actos buenos, generosos y completamente desinteresados. Esta, no otra, es la verdadera espiritualidad y el modo de crecer como seres gentiles, amorosos y felices.

Se puede alcanzar la felicidad transitando varios caminos y uno de ellos es ejercitando todos esos sentimientos nobles que llevamos dentro. Levantar a un caído, darle un plato de comida a un hambriento, ofrecer compañía a alguien que se encuentra solo… Si dedicas aunque sea unos momentos diarios a esta actividad, verás que la alegría vendrá hacia ti sin demorar demasiado.

## ¿Qué escojo hoy?

*«Se dice que el discípulo de un venerable sabio estaba extrañado y sorprendido de que su Maestro estuviese siempre sonriente y feliz, a pesar de las dificultades que tenía en la vida.*
*Intrigado, un día le preguntó:*
*—Maestro, ¿cómo es que siempre se te ve tan contento y satisfecho?*
*El maestro le respondió:*
*—Amigo mío, no hay secreto alguno en esto. Cada mañana, cuando me despierto, me hago la misma pregunta a mí mismo: '¿Qué escojo hoy? ¿Alegría o tristeza?'. Y siempre escojo alegría».*

Cuento del libro *Aplícate el cuento*, de Jaume Soler y Mercè Conangla

# *La obligación de ser feliz las 24 horas*

*Ú*ltimamente prevalece la moda del optimismo a rajatabla: perdiste tu casa, no importa; te echaron del trabajo, no tengas mala vibración y sonríe; tu esposa te fue infiel, no te preocupes, hay cosas peores…

Cosas así se dicen a diario, en libros y medios radiales, televisivos y gráficos. Sin embargo, no es «normal» tener reacciones que van contra la lógica. Acaso, si te doliera el estómago, ¿sonreirías? Seguramente no. Al contrario, tu rostro manifestaría malestar y hasta te retorcerías si fuera un dolor muy punzante. Ante una determinada acción, una reacción apropiada. Sin embargo, en la actualidad existe un imperativo ridículo de ser optimista incluso en las peores situaciones, algo que en última instancia podría verse como patológico.

Cada uno debe sentir y manifestar lo que desea. Parece tonto afirmar esto, pero es necesario.

Si te sientes triste, pues adelante, siéntete triste; si te encuentras decaído, por lo que sea, permítetelo. Lo que, sin embargo, no es operativo ni conveniente es que estos estados se vuelvan crónicos. Allí está el punto neurálgico del tema.

Es correcto pasar por diferentes etapas, estados y sentimientos. El carácter problemático de la situación se genera cuando la negatividad se instala en nosotros. Porque cuando nos tornamos pesimistas, nuestra visión se hace más estrecha y opaca, no nos permite vislumbrar posibles soluciones o salidas a los problemas. A partir de cierto momento, aquello termina derivando en más problemas, tristeza, depresión, encierro y soledad.

Vive y siente como quieras, pero no permitas que lo negativo se te haga carne. Allí radica el equilibrio.

# Mira films que te movilicen espiritual y mentalmente

Sentarse frente a un televisor o una pantalla cinematográfica suele ser vivido, en muchas ocasiones, como una terapia, en la que a través de la trama y los personajes se puede experimentar sensaciones y vivencias que nos hacen repensar nuestra propia cotidianeidad.

Hay momentos en que es posible que nos sintamos decaídos porque creemos que las cosas que nos pasan sólo nos ocurren a nosotros. Por lo que cuando vemos en un film que «todos somos parecidos y existen algunas singularidades, pero vivimos más o menos las mismas experiencias», se nos coloca una sonrisa e inmediatamente sentimos un alivio porque ya no tenemos la sensación de estar solos, aislados, sino que la gran mayoría pasa por situaciones similares y se puede salir de ellas.

¿Crees acaso que sólo tú padeces fobias o trastornos de ansiedad? Pues mira, entonces, *Mejor imposible* (*As Good as It Gets*), con Jack Nicholson como protagonista. *El distraído* (*Le Distrait*), con Pierre Richard en el papel estelar, muestra con ternura y gracia lo que produce el ser distraído. *La cabra* (*La Chèvre*), con el mismo actor, te hará reír de lo que es tener mala suerte. *Pan y tulipanes* (*Pane e tulipáni*), del director Silvio Soldini, maravilla con su bonita historia de amor que huye de los tópicos comunes y del romanticismo fácil para adentrarse en las necesidades afectivas de una pareja ya no tan joven. *Shirley Valentine*, dirigida por Lewis Gilbert, te hace recorrer hermosos paisajes y muestra la decisión de una mujer que se escapa de su rutinaria vida para alcanzar el autoconocimiento, la plenitud y la recuperación del amor por sí misma y su pareja. *Full Monty* enseña, a través de una situación de crisis y desempleo, que con optimismo y coraje se puede vencer cualquier situación.

# ¿Ya no te sientes tan viril como antes?

Los hombres temen como al mismo demonio perder fuerza, ser menos viriles. Depositan todas sus expectativas en la potencia sexual que poseen, cuando la vida tiene millones de variables a las que se debe prestar tanta o más atención. Se puede tener una muy buena calidad de vida, deseo y relaciones sexuales, sin tener la energía que se poseía en la adolescencia. Tomar pastillas que terminan ocasionando problemas cardiovasculares o tomar otro tipo de medidas sólo genera complicaciones y, en definitiva, aquellas no son soluciones demasiado aceptables. Es posible dar y recibir placer de muchas maneras cuando ese ímpetu se perdió o disminuyó. Gozar se logra de mil maneras: las caricias, los besos, los abrazos, sumados a un manejo diferente en cuanto a la manera en que se realiza el acto amoroso, pueden ser tan gratificantes como cuando se era más joven.

La declinación en la producción de testosterona, la pérdida de la famosa «potencia», es tan normal como la menopausia en la mujer. Se trata de una etapa más en la vida. Estas fases son indicadores de que estamos haciéndonos mayores, pero, CUIDADO, no menos eficientes. Tan solo se debe asimilar esta nueva situación –tan común como respirar o correr– y adaptarse a ella, de la forma más saludable posible, sin temor ni vergüenza.

# *Las claves del aprendizaje trascendente*

1. Aprender a aprender.
2. Prestar atención y estar abiertos a todo pensamiento nuevo e innovador.
3. Considerar las nuevas ideas. Hay que reflexionar sobre ellas y analizarlas sin rechazo.
4. Considerar la experiencia interior como parte del contexto de aprendizaje.
5. Realizar ejercicios de meditación y concentración.
6. Explorar nuestro interior, estudiar nuestros sentimientos y tratar de conocernos plenamente.
7. Fomentar los pensamientos divergentes y abiertos, no tener miedo a las respuestas inquietantes.
8. Educar nuestro cerebro para que viva el presente intensamente.
9. Preocuparnos por el entorno en el que vivimos, estudiarlo constantemente para averiguar si es el adecuado.
10. Analizar nuestras actuaciones, comprobar que han sido las correctas y, si han sido incorrectas, averiguar qué ha influido en el error.
11. Escuchar la consciencia sinceramente.

*Más allá de Conny Méndez*, de Jorge Blaschke

# Relaciones amorosas que nacen de la carencia

Las relaciones que nacen de la búsqueda de otro que nos complete o que nos brinde esa ansiada felicidad que anhelamos, o que dé un propósito a nuestras vidas, casi con seguridad están destinadas al fracaso. Si bien hay relaciones patológicas que duran toda la vida –«No nos une el amor sino el espanto, será por eso que la quiero tanto», como decía Borges–, no es la manera más saludable de vivir.

Una relación debe comenzar con la convicción de que se quiere dar y recibir amor y felicidad, apoyar y ser apoyado, comprender y ser comprendido, pero nunca debe iniciarse una unión por la necesidad de que ese otro aporte lo que nos falta. Ese otro es también un ser humano que tiene sus conflictos y necesidades y no podemos esperar que otorgue ese sentido de para completar que nos falta. Cuando depositamos altas expectativas en alguien, al ser una persona limitada como nosotros generalmente produce decepción y la decepción conduce a la ruptura. Cuando busques pareja, hazlo desde las ganas de compartir, amar, disfrutar y no desde el egoísmo. Una relación basada en la empatía y los buenos sentimientos sin buscarla, sin ser el objetivo, sana cualquier dolencia emocional y afectiva que tengamos.

# Debes creer en ti mismo: si tú no lo haces, nadie lo hará

*E*xiste un concepto muy interesante, desarrollado por el Dr. Bandura: autoeficacia. *Grosso modo*, Bandura ponía el acento en las creencias de las personas respecto de sus propias capacidades para desarrollar con éxito una tarea o una acción determinada.

Cada vez que debemos tomar decisiones o afrontar situaciones, el creer en nuestra capacidad es un factor clave porque nos brinda la fortaleza para adoptar conductas saludables, eliminar las nocivas y reafirmar el sentido de la propia valía. Creer en uno mismo hace que podamos resolver eficiente y rápidamente cada planteo sin estresarnos (o sin estresarnos demasiado) y aplicando la cantidad justa de tiempo y energía que se necesita. El confiar en nosotros favorece la buena salud, mental y física, optimiza nuestros tiempos para armar espacios de descanso y dispersión, nos da seguridad para tomar más decisiones y encarar nuevos proyectos.

Cómo lograrlo:

1. Basta de demorar decisiones. Evalúa, lo mejor que puedas, los pros y contras del problema que debes enfrentar y resuélvelo de una vez.

2. Contempla tanto la posibilidad de éxito como la del fracaso con serenidad y aceptación.

3. Si el paso que diste te condujo a una equivocación, no lo tomes como algo grave, sino como parte de un aprendizaje. Vuelve a encarar el problema desde otra perspectiva y nuevamente lánzate a resolverlo.

4. Cada vez que realizas una acción, luego de una reflexión, es como darnos una inyección de vitaminas, podemos ver que las

elecciones nos fortalecen y nos hacen creer más en nuestro propio valor y en nuestra fortaleza.

5. Todo en la vida implica armar hábitos: a fuerza de repetición, estos se generan y se hacen mecanismos naturales en nosotros. Con las decisiones y las acciones pasa lo mismo. Una vez que nos acostumbramos a hacer frente a diferentes contextos y circunstancias, se nos naturaliza y nos hacemos más y más fuertes, nos sentimos más aptos y más valiosos.

# ¡¡¡ Olvídate del teléfono y vive!!!

Cecilia pasó todo su recorrido en bus escribiéndole a una amiga que estaba triste porque los hombres ni la miran, sin darse cuenta de que, mientras se quejaba virtualmente, un joven había puesto sus ojos en ella y no le quitaba la vista de encima.

¿Les suena familiar? Estamos pendientes de un rectángulo y la vida se nos pasa sin sentirla… La gente, en vez de ver un espectáculo, graba con su móvil y está pendiente todo el tiempo de que esté grabando correctamente, pero se perdió ese momento irrepetible. Otras personas están tan inmersas en esa cajita electrónica que sufren accidentes de todo tipo.

¿No has visto últimamente que hay niños que van a la plaza, pero se sientan en el césped a chatear con sus amigos en vez de jugar a la pelota, hacer muñecos en la arena, sentarse en una hamaca y saborear ese placer del vértigo feliz?

Es toda una locura…La gente ya no trabaja 8 horas sino 24, pues sus teléfonos móviles se han transformado en oficinas móviles. A los niños no les interesa salir si no llevan esos aparatos encima. Se comunican con otros amigos como si fueran empresarios organizando reuniones de trabajo.

Que la tecnología sea una herramienta útil, pero no te transformes en la herramienta de tu herramienta.

# Tu vida es como la arcilla

Si hay algo que se reitera en este libro hasta el hartazgo, es que nada es para siempre, todo cambia de estado, de forma. La vida es energía y no se destruye, sino que se transforma. Lo mismo sucede con el ser humano. Nunca dejamos de aprender y transformarnos, cada experiencia nos fortalece o debilita, nos alegra o entristece, pero jamás somos iguales a ayer, a la semana pasada o como hace treinta años atrás. También sucede lo mismo con el futuro. Nuestro cerebro tiene la capacidad inherente para cambiar, para mejor o peor pero para cambiar. Actualmente, y simplificando demasiado el concepto, de eso se trata lo que hoy se llama «neuroplasticidad». El cerebro recopila información y arma nuevas estructuras, nuevos entramados, conexiones y reacciones. De modo que siempre hay esperanza de renovación, de nuevos aires que nos deben dar ánimo para seguir intentando cosas nuevas, aventuras. No debemos desmoralizarnos pensando que nada cambiará y todo será igual hasta el fin de nuestros días. Hoy, la suerte está de nuestro lado y mañana, no. Hasta hace unos instantes nos sentíamos solos, desesperados o amargados y en un par de horas este sentimiento puede revertirse totalmente. Es como asistir al teatro y observar una obra: puede no gustarnos al principio, pero surge un giro inesperado y nos sorprende, gratamente. Si, en cambio, ese giro inesperado nos entristece, nos deprime…, a no desesperar: otra vez cambiará todo y otra vez, y otra vez… La idea maestra es tener conocimiento de esto… y saber vivir felices y serenos con esa gran verdad.

# La reflexión

*La mente está en su propio lugar y puede hacer por sí misma un
paraíso del infierno o un infierno del paraíso.*

Milton

Reflexionar es natural en nosotros y a la vez necesario, pero estar dando vueltas alrededor de un asunto que nos angustia o enoja es un vicio, por demás perjudicial debido a que, en lugar de sacar una conclusión lógica como ocurre luego de una apropiada reflexión, se produce una trampa. En esta no sucede ningún tipo de liberación emocional o final lógico, sino que nos quedamos una y otra vez atrapados en escenas angustiantes que nos llevan a una «escalada», en la que cada situación nos pone más iracundos o tristes. Pensar sobre ello nos lleva a vivir escenas dolorosas o irritantes, repasamos cada detalle, lo que deberíamos haber hecho o contestado, y de ahí no salimos. Estos pensamientos parasitarios fomentan pensamientos negativos que se multiplican exponencialmente. Debido a la naturaleza adictiva de ciertos pensamientos, es importante aprender a detectarlos y frenarlos en el acto, interrumpirlos, averiguar en torno a qué temas giran, para deshilvanarlas y ocupar nuestra mente con otras cuestiones que sí son beneficiosas para nosotros. Una vez que te liberes de estos pensamientos, podrás vivir de una manera más tranquila y resolver todo con más lógica.

# Respirar de manera adecuada te ayuda a calmarte y relajarte

La respiración adecuada es un tema primordial dentro de las prácticas del yoga. La mayoría de la gente utiliza sólo un poco de su capacidad pulmonar para la respiración y, por lo tanto, respira de modo superficial, con lógicas consecuencias en la salud. Si a eso sumamos malas posturas…, el cuadro es completo. Podemos decir que hay tres tipos de respiración: a) la más superficial, durante la cual los hombros y la clavícula se elevan, el abdomen se contrae y se obtiene una cantidad pobre de aire; b) otro tipo de respiración, también incompleta, es cuando empleamos los músculos intercostales y expandimos el tórax; c) finalmente, la respiración completa y profunda es la denominada respiración abdominal ya que se transporta el aire a la parte más baja y más amplia de los pulmones. Esta respiración es más profunda y lenta y permite realizar un uso apropiado del diafragma. La verdadera respiración practicada por los maestros yogui combina los tres tipos de respiración. Por lo tanto, para poder sentir los beneficios de la buena respiración, empecemos hallando un sitio tranquilo para la práctica, recostémonos cómodamente boca arriba. Inhalemos y exhalemos lentamente. El abdomen deberá expandirse mientras se inhala y contraerse al exhalar. Repitamos varias veces el ejercicio. Cuando se sienta que se puede respirar de este modo sin esforzarse, entremos en la siguiente etapa, esto es, inhalar lentamente, expandir el abdomen, luego el tórax y, finalmente, la porción superior de los pulmones. Luego, dejemos salir el aire de la misma manera. Tengamos en cuenta que aprender a respirar implica muchas cosas, como buena salud, relax y aporte extra de energía, ya que cuando se controla la respiración ingresamos una cantidad importante de Prana, o energía vital.

# No aceptes convertirte en víctima

Ser víctima no es algo que se produce de la noche a la mañana y sin motivos; por lo general median complejos mecanismos de la personalidad y las emociones. De hecho, muchos que dicen odiar sentirse víctimas, inconscientemente buscan serlo porque el lugar de la víctima también es un espacio de no responsabilidad, es decir, lo que sucede es por culpa de los otros. Si realmente se desea renunciar a ese papel, el primer paso consiste en aceptar la responsabilidad por todos los hechos que ocurren en la propia vida, hacerse fuerte para tomar decisiones y aceptar las consecuencias de estas como parte de ese crecimiento personal.

Se trata de recuperar el poder y el control, algo a lo que no todos están dispuestos, pues es más fácil dejarse llevar que hacer frente a los desafíos.

También es un ítem primordial recuperar el amor propio y con él la valentía para hacer frente a todo lo que intente dañarnos o agredirnos.

Existen demasiadas personas que se han construido como personalidades agresoras sobre la base de su historia y de su presente. Encontrarnos alertas y fortalecidos para detenerlas es parte de esa recuperación de poder personal. No dejes tu vida y tus elecciones en otras manos, ten coraje y acepta los riesgos de elegir, decidir o equivocarte, pero sé tú quien decida sobre tu vida. Es recomendable dibujar símbolos o tarjetas que nos representen felices y poderosos. Si las pegamos en un lugar visible para mirarlas con frecuencia, alcanzaremos a sintonizar con esa energía.

# Creer en los milagros es fundamental para ser feliz

*En realidad eres perfectamente invulnerable a toda expresión de falta de amor. Estas expresiones pueden proceder de ti o de otros, de ti hacia otros, o de otros hacia ti. La paz es un atributo que se encuentra en ti. No puedes hallarla fuera de ti mismo. La enfermedad es una forma de búsqueda externa. La salud es paz interior. La paz te permite mantenerte ecuánime ante cualquier falta de amor procedente de afuera y te capacita, mediante tu aceptación de los milagros, para corregir las condiciones que resultan de la falta de amor en los demás. (…) Los milagros son naturales, correctivos, sanadores y universales…*

*No hay nada que no puedan lograr, pero no pueden llevarse a cabo con un espíritu de duda o de temor.(…) Por eso es por lo que la Biblia dice que «la paz de Dios supera todo razonar». No hay error que pueda alterar esa paz en lo más mínimo. Dicha paz no permite que nada que no proceda de Dios te afecte.*

«Un curso de milagros »

# *Aplica reflexología a tu vida para sentirte mejor*

*N*o llegues al punto de de crisis o desmoronamiento para hacer algo por ti. Hay numerosas alternativas para atacar de raíz un problema o evitarlo. Las terapias tradicionales y alternativas, diferentes artes y técnicas de ejercicios son maneras muy eficaces de luchar contra el estrés, el decaimiento, los dolores corporales, las sensaciones angustiosas. Alopatía, homeopatía, yoga, masajes, acupuntura, psicoterapias son algunas de las tantas formas de lidiar con los estragos que produce la vorágine diaria en la que nos movemos. Una manera muy efectiva de prevenir y contrarrestar sus efectos es la reflexología.

Dice Alicia López Blanco, en su libro *Breviario de Reflexología de pies y manos*: «En el aspecto orgánico podemos observar que el efecto de un tratamiento reflexológico propicia en el que lo recibe una mejoría o remisión de su condición o, como mínimo, el acceso a una mejor calidad de vida. En el plano de las ideas, son notorios una mayor flexibilización y el desarrollo de la capacidad de cambio. En el área emocional, la persona se torna más consciente de sus sentimientos y sensaciones, y ve facilitado el canal de expresión de los mismos».

# Supera tu temor a la crítica

*Quien se enfada por las críticas reconoce que las tenía merecidas.*

Cayo Cornelio Tácito

No son pocos los que necesitan permanentemente que los estimulen, que los aprueben y alaguen, y poseen baja tolerancia a las críticas ¿Cuáles son las causas? La baja autoestima. Aquellos que no soportan las críticas, por lo general, son inseguros y las reprobaciones los dejan más débiles aún. En realidad, cuando reciben un reto o una crítica, no se lo perdonan a sí mismos, ponen en duda sus capacidades y su propia valía. Se transforman en víctimas de sí mismos.

Entonces, si sientes que eres vulnerable e hipersensible a las críticas, empieza por grabarte una premisa tan sencilla como cierta: muy pocas cosas en esta vida merecen que afecten tu felicidad, buen humor y valía. Si te hacen una observación, acéptala como persona madura, sin sentirte mal, y trata de aprender (si es posible) de esa experiencia. No veas la crítica como un obstáculo sino como un curso acelerado para ser más eficiente, siempre y cuando la observación sea seria y acertada. Por otro lado, ten en cuenta quién te critica y por qué, pues puede tratarse de una persona que tiene malas intenciones hacia ti y si te haces cargo de lo que te dice, te dañará. Ten en cuenta que las opiniones sólo son eso, opiniones... que pueden ser ciertas o estar erradas. Por lo tanto, conviene prestarles cierta atención, pero no permitirles que te limiten o lastimen.

# Intenta dejar de fumar

*Un hombre libre es aquel que, teniendo fuerza y talento para hacer una cosa, no encuentra trabas a su voluntad.*

Thomas Hobbes

*J*osé se hallaba cada vez más nervioso y enojado. Era un hombre que había obtenido muchos logros a lo largo de su vida, pero había algo con lo que no podía lidiar. Deseaba dejar de lado el tabaco, pero cada vez que había dejado de fumar, al tiempo reaparecía la necesidad y con mayor ferocidad, con más anhelo que antes. Intentó métodos viejos y modernos; sin embargo, la recaída se manifestaba como la consecuencia inevitable para él.

Es de público conocimiento que detrás del tabaco existe toda una industria (tabacalera y «marketinera») que se dedica a promover su consumo. Una vez que los químicos entran en el organismo instalan una dependencia. Uno de los efectos más graves es la dependencia mental, pues se tiene la creencia que fumar genera placer, descanso, relax y nada es más contrario a la realidad que esa idea.

Existen técnicas de las más variadas para intentar dejar este hábito pero, en definitiva, todo depende de cuán convencidos estemos de querer dejarlo, de las serias consecuencias que ocasiona en nuestra salud y de la importancia de no fomentarlo.

Los factores fundamentales son, ante todo, una actitud firme y la plena certeza de la necesidad de romper con este vicio. Sin ambos factores, cualquier cosa que se intente será en vano.

Establece bien tus prioridades, piensa en las perjudiciales consecuencias que reviste el hábito de fumar, y cuando estés seguro de la decisión, el método que emplees será exitoso.

# Vivir con Dios o sin Él: es tu elección

*El hombre moderno puede afirmar que él prescinde de tales conceptos y que puede apoyar su opinión insistiendo en que no hay prueba científica sobre su veracidad. O, incluso, puede lamentarse de la pérdida de creencias. Pero, puesto que estamos tratando de cosas invisibles e incognoscibles (porque Dios está más allá de la comprensión humana y no hay medio alguno de demostrar la inmortalidad), ¿por qué nos preocupamos de su demostración? Aun cuando no conociéramos con la razón nuestra necesidad de sal o de alimento, nadie dejaría por eso de utilizarlos. Podría argumentarse que el uso de la sal es una ilusión del gusto o una superstición, a pesar de ello, seguiría contribuyendo a nuestro bienestar. Entonces, ¿por qué nos privamos de ideas que demostrarían ser útiles en las crisis y darían sentido a nuestra existencia? ¿Y cómo sabemos que esas ideas no son verdad? Mucha gente estaría de acuerdo conmigo si yo afirmara que tales ideas son posiblemente ilusiones. De lo que no se dan cuenta es que la negación es tan imposible de demostrar como la afirmación de la creencia religiosa.*

*El hombre y sus símbolos,* de Carl G. Jung

# Ayuda a otros

Es fundamental, como parte de ser feliz, no ser egoísta y ayudar a quienes nos rodean. Sin embargo, también es vital resguardar nuestra salud. Debemos estar presentes para los que nos necesitan sin por ello descuidarnos nosotros. Mantener la integridad, la salud, la vitalidad es necesario para seguir viviendo.

La oportunidad de socorrer a otros es un camino de doble mano, pues en el mismo momento en que auxilio a alguien, en este proceso mismo, también me ayudo, también me curo.

Reconozcamos que brindarse a las personas es un proceso de cura milagroso. Los actos desinteresados producen alegría y salud… en tanto y en cuanto no dejemos en ello nuestro propio bienestar.

De tal modo, salir un poco de ti y asomarte a las necesidades de quienes te rodean no sólo contribuirá a hacer el bien y a que todo mejore, sino que tú mismo estarás expuesto a una cura a través del amor y de la empatía.

# Lleva tu diario de éxitos

Estamos demasiado acostumbrados a decirnos frases negativas: soy gordo, estoy calvo, no soy tan astuta como quisiera, mi aspecto nunca fue bueno, etcétera. Sin embargo, jamás reparamos en nuestras buenas cualidades y en nuestros logros, por lo que llevar un registro de ellos sería extremadamente útil para fortalecer nuestra autoestima.

Como este libro está destinado exclusivamente a que tomemos conciencia de que existe una infinidad de herramientas para sentirse mejor, no se podía dejar de lado el registro diario de logros.

Se entiende por logro el haber puesto una sonrisa en nuestro rostro, a pesar de las adversidades; se entiende por logro el haber enfrentado una situación que hacía tiempo esquivábamos, se entiende por logro concretar un proyecto (no importa su envergadura) que jamás realizábamos, dar ese abrazo y decir «te quiero», que posponíamos porque nos daba vergüenza; corregir tu postura… Todas estas cuestiones y muchas más, que a simple vista pueden parecer inocuas, son inmensas cuando se trata de influir en forma positiva en el valor de uno mismo.

De tal modo, una buena sugerencia es llevar un cuaderno o una agenda, donde se anoten día a día estos avances y actitudes meritorias, pues estos pequeños éxitos cotidianos nos llevarán a conseguir cada cosa que nos propongamos.

# Ten cuidado con los medios de comunicación

Los medios de comunicación tienen una forma muy ruda y cruda de exponer los hechos. No hablemos de manipulación de información, sólo de exposición. La cuestión es que tenemos la costumbre de consumir medios y, por cierto, lo hacemos sin poner filtros. De pronto, algo que debería sensibilizarnos no nos mueve ni un pelo. Además, nos produce un efecto embrutecedor, pues ciertos hechos desgraciados, asesinatos, guerras, hambrunas, son tan expuestos a diario que nos parecen naturales: en los medios se genera una suerte de naturalización del desastre y nos volvemos inmunes al dolor y a los problemas ajenos. Aunque no exista dolor ajeno, pues todos somos uno y lo que daña a uno nos daña a todos. Pero lo que se considera aquí es buscar una manera de controlar la información que recibimos de los medios y el tiempo de exposición ante ellos, pues tener sensibilidad frente a situaciones que afectan a otras naciones, a otros vecinos, y generar acciones destinadas a ayudarlos contribuye a unirnos todos en un abrazo de colaboración y amor fraternal.

# Todos tememos a algo o a alguien... hazle frente

*Ninguna pasión como el miedo le arrebata con tal eficacia a la mente la capacidad de actuar y razonar.*

Edmund Burke

Heidegger, en su obra *Ser y tiempo*, establece una diferencia profunda entre dos sensaciones habituales del hombre: la angustia y el miedo. Mientras que la primera es subjetiva (es una sensación que nos produce malestar pero que no podemos definir con claridad), la segunda es una reacción más objetiva (sabemos a qué le tememos: a alguien que quiere atacarnos, a una araña ponzoñosa, etc.). En mayor o menor medida, todos tememos a algo y es perfectamente comprensible, pues el miedo forma parte de un complejo sistema de supervivencia. El problema, entonces, surge cuando salimos del temor en cuanto mecanismo de autodefensa para dejar que se instale de manera patológica en nosotros, paralizándonos y dejándonos incapacitados para reaccionar de conformidad con lo que debemos enfrentar. Asistir a una reunión de trabajo en la que estarán altos directivos puede dar temor, hacer un viaje, invertir un dinero, iniciar un negocio... Es que ciertos eventos importantes pueden ser inquietantes porque existe la posibilidad de que repercutan fuertemente en nuestras vidas. Lo que sucede es que le damos demasiada importancia al fantasma del fracaso; ese es el peor error, pues lo que no debemos hacer es estancarnos y no enfrentar lo que debemos enfrentar. El arrepentimiento, generalmente, llega por cosas que no hicimos, no por lo que hicimos aunque sea de forma errónea. ¿Debimos dejar ese puesto laboral donde nos maltrataban? Sí. ¿Debimos pedir la separación de esa pareja desconsiderada? Pues sí. ¿Debimos lanzarnos a iniciar nuestra propia empresa? La respuesta también es sí. El temor es un buen aliado cuando ocupa el lugar de «vigía», sin embargo, es inoperante cuando se convierte en un obstáculo y no deja que enfrentemos las situaciones.

Siempre debes ser precavido, pero no permitas que el temor te frene.

# Lo que pidas al Universo se manifestará

*C*onny Mendez, fundadora de la metafísica cristiana, estaba plenamente convencida del poder de los pensamientos. Afirmaba que lo que pensamos, deseamos o hablamos, tarde o temprano se producirá, se hará realidad. Es decir, si conscientemente expresamos un deseo, no tardará en hacerse un hecho. Si nuestros deseos y expresiones de deseos son sanos y correctos, nuestra vida será apacible, feliz, plena. Si nuestros pensamientos se orientan a la maldad, la codicia, la soberbia, sólo obtendremos resultados negativos. Lo bueno atrae lo bueno. Lo malo atrae lo negativo. Por eso, si tenemos deseos y metas nobles, provechosos en el buen sentido, los resultados no tardarán en aparecer tal y como lo soñamos. Obviamente, no es sólo cuestión de enunciar un deseo y quedarse cruzado de brazos, sino que se debe poner empeño, fortaleza y una actitud alegre y optimista.

A veces, esta postura de pedir al Universo, para muchos, puede sonar *naif*. Sin embargo, hay una magia en ello, se produce una expectativa inusitada, una suerte de hechizo que nos concede buenas cosas. No hay que perder el sentido de lo maravilloso y lo extraordinario. Eso le da un gusto diferente a la vida.

# La metafísica puede ofrecerte algunas respuestas

*¿Por qué hay cosas? ¿Por qué tienen fin? ¿De dónde ha surgido este Ser*
*que hay en mí —que soy yo— y que no sabe la razón profunda de su*
*existencia?*

Pierre Teilhard de Chardin

De la metafísica, podría decirse que es una rama de la filosofía que estudia «aspectos de la realidad» que no es posible conocer a través de la investigación científica. Intenta responder interrogantes que el hombre se plantea desde que es hombre. ¿Cómo se originó el Universo? ¿Quién o qué es Dios? ¿Qué es la realidad? ¿Qué es el espíritu? Estos temas pueden constituir grandes móviles para estudiar, investigar, replantear la realidad en que vives.

El estudio y la indagación siempre son como resortes que nos hacen reflexionar y aprender cada vez más. En vez de estar llenándonos de pensamientos tóxicos, ¿qué mejor que disponer en su lugar de planteos más trascendentales? Hay una cantidad impresionante de gente que se reúne para debatir estas grandes cuestiones. Se arman grupos de reflexión. Se conciben charlas y seminarios. Hay miles y miles de chats en los que cada uno puede formular su inquietud.

La sensación de pertenencia a un grupo en el que se comparte un mismo interés no sólo es muy bella, sino también altamente positiva.

Deberías intentarlo.

# Libros que terminan con el sentimiento de soledad

Antonio Dal Masetto dijo en una entrevista: «Supongo que lo que descubrí en ese momento (se refiere a su adolescencia) es que, entre las muchas virtudes de los libros, una de ellas es ayudar a combatir la soledad». Y es que los libros nos abren la mente y nos llevan por paisajes inesperados. Nos enfrentan con nuestra propia realidad. Nos hacen reír y llorar frente a situaciones familiares. Nos hacen sentir parte del mundo. La literatura, además de brindarnos placer, nos invita a la reflexión y a formar parte de una comunidad de lectores que se interesan por los mismos temas.

Fíjate, de hecho, en que en este instante en que estás leyendo, otro se está comunicando contigo y tú, con él. Te está narrando historias, hechos verídicos que te integran en un grupo que siente los mismos temores y angustias y que comparte la necesidad por erradicarlos. Quiere sentirse mejor. A través de la lectura de estas historias, puedes darte cuenta de que lo que te pasa a ti le pasa a miles y que existen soluciones.

Ese sentimiento de por sí es reconfortante, te hacen sentir parte de un todo y te brinda contención y la esperanza de una solución.

# Lo interior y lo exterior

*Lo externo y lo interno no son dos. ¿Dónde comienza lo interno y dónde lo externo? ¿Puedes trazar una demarcación? ¿Puedes hacer una línea divisoria? ¿Puedes decir: «Aquí acaba lo interno y comienza lo externo»? ¿Dónde? No están divididos. Esas divisiones pertenecen a la mente. El interior y el exterior son uno: el exterior es sólo la prolongación del interior, el interior es sólo la penetración del exterior. Son uno: dos manos, dos piernas, dos ojos de un sólo ser. ¿Está lo externo fuera de Dios? No puede ser, porque nada puede estar fuera de Dios, nada puede estar fuera de Él. El todo tiene que incluir lo externo y lo interno. (…) Sosan dice:*

*«No vivas en los enredos de las cosas externas*
*Ni en los sentimientos internos de vacío.*
*Mantente sereno, sin hacer esfuerzos, en la unidad de las cosas,*
*Y tales falsos conceptos desaparecerán por sí solos».*

*El libro de la nada,* de Osho

# ¿Debemos ser positivos cuando estamos enfermos?

«*E*stá claro –dice la periodista Bárbara Ehrenreich– que el peso de no ser capaz de pensar en positivo gravita alrededor del paciente como una segunda enfermedad». Este comentario de la autora, nos abre una incógnita: si no te sientes bien, si tu cuerpo está pasando por una serie de operaciones o estás luchando contra una enfermedad y, naturalmente, no se refleja una sonrisa en tu rostro o no estás superoptimista ¿te enfermarás más o no te curarás? Según el pensamiento actual, lo más seguro es que no sobrevivas. Repasemos algunos conceptos: tener una actitud optimista, poseer un vocabulario que refuerce la idea de la curación, no dejarse arrastrar por la enfermedad, obviamente es altamente positivo y, posiblemente, ayude a soportar mejor el mal trance, pero si no se posee la capacidad de afrontar la situación de esa manera no está bien sentir culpa. Cada uno hace lo que puede y enfrenta los desafíos de la forma que cree más conveniente.

Todos intuimos que con alegría podremos curarnos mejor y más rápido, pero ello no significa que las personas que no pueden adoptar esa actitud no se recuperen o fallezcan.

Estar bien a pesar de no gozar de buena salud puede ayudar, dándonos energía para seguir luchando, para disfrutar de algunas pequeñas cosas, para sostener una situación difícil. Sin embargo, bajo ninguna circunstancia debe transformarse en una regla.

Basta de dejarse arrastrar por ciertos paradigmas. Si tienes ganas de reír, pues ríes, y si tienes ganas de llorar, pues lo haces. El mejor remedio para afrontar la vida es saber manejar la libertad, decidir qué se quiere hacer.

# Cada uno tiene un ángel guardián

La sanación angelical es un proceso mediante el cual se trabaja con arcángeles y ángeles. Se trata de un tipo de curación maravillosa en la que una terapeuta nos pone en contacto, a través de la meditación y el amor, con estos seres celestiales, seres de luz, para nos apoyen y guíen a lo largo de nuestras vidas. Cada uno posee un ángel guardián y para comunicarnos con él, necesitamos abrirnos a su amor y darle la bienvenida a través de nuestros más nobles sentimientos. Esto produce un vínculo espiritual con nuestro ángel.

Una vez establecido un contacto, la terapeuta actúa como intermediaria. Hacemos preguntas a nuestros ángeles y ellos envían su respuesta por medio de esa persona. Con la práctica, y una vez que la persona se acostumbra a la presencia de su ángel y a entenderlo, la intervención de la terapeuta ya no es necesaria.

Recuerda que la sanación angelical brinda una magia especial en lo cotidiano, nos hace sentirnos cuidados, acompañados y respaldados por una entidad que sólo busca hacernos el bien.

# *Cuando la duda te lleva al hartazgo*

¿*L*o hago o no lo hago? ¿Voy o no voy? ¿La llamo o no la llamo? ¿Rojo o amarillo? ¿Me quedo o me voy? ¿Me animo o no?

POR DIOS, ¡cuántas preguntas, cuánta indecisión, cuánto gasto de energía y qué poca actividad! Todo el tiempo, el pensamiento y la energía se pierden en las preguntas, y nada surge en las respuestas.

Teníamos una amiga que podía perder hasta semanas enteras tratando de resolver una duda que era de lo más irrelevante. Esta situación está muy relacionada con el temor, y el temor con el cambio y el terror a la equivocación.

Por ello, más fácil es para algunos entrar en una rutina de preguntas sin respuestas, que les instala en un circuito de razonamientos poco razonables (aunque suene raro) y la inactividad. El estar instalados en semejante lugar les da la fantasía de estar resolviendo algo pero, en realidad, no solucionan nada... sólo postergan.

Mejor es aventurarse, sin hacer una locura. Es vital para la existencia tomar riesgos, animarse a tomar decisiones aunque se teman sus consecuencias. Aceptar estos desafíos brinda energía y permite crecer, evolucionar.

# Dedica un tiempo para cuidar tu salud

Decía el poeta latino Juvenal en sus *Sátiras*: «*Orandum est ut sitmens sana in corpore sano*», lo que quiere decir «Se debe orar para que se nos conceda una mente sana en un cuerpo sano».

De este modo podemos observar que desde tiempos antiguos se le concedía al cuidado de la salud (mental y física) un papel preponderante. Resulta que no prestarle la debida atención a la salud es una manera de no amarse, pues el que se quiere trata por todos los medios de sentirse bien para poder disfrutar cada día. Sólo apreciamos la salud cuando nos falta y las preguntas que surgen son: ¿por qué debemos hacer una dieta equilibrada cuando nos duele el estómago? ¿Por qué tanta gente asiste al odontólogo cuando le molesta una muela? Nunca más oportuna la frase: «Es mejor prevenir que curar».

Por ese motivo, dedica unos minutos a una rutina de ejercicios, presta atención a lo que ingieres, realiza los controles médicos pertinentes. Qué hermoso es trabajar, estudiar, salir con amigos, visitar a la familia, sin malestares. Así es posible disfrutar.

*El espíritu del hombre, para poderse desarrollar, necesita como condición básica un organismo que funcione como es debido, igual que un músico precisa un buen «instrumento».*

*La psicoterapia al alcance de todos*, de Viktor E. Frankl

# La crisis como oportunidad, ¿de qué?

*S*i perdiste el trabajo, no te hagas mala sangre, no te pongas mal, pues seguramente es una oportunidad para conseguir algo mejor. Una frase bastante popular, sobre todo en época de crisis económica.

A un padre de familia que ya no tiene su fuente de ingresos no se le puede decir esta necedad, más vale sugerirle que sea realista, creativo y enérgico para ver qué puede hacer para atravesar lo mejor posible la situación. En tal caso, podría decírsele: pon toda tu energía en planificar posibles soluciones, fíjate qué estrategias puedes establecer para ir saliendo de a poco del problema, elabora pequeños pasos para revertir la situación.

Es cierto que adoptar una postura pesimista frente a serios problemas no soluciona nada, pero no resulta más productivo adherirnos a un optimismo sin fundamento que tampoco resuelve.

Siempre se debe reunir fuerzas y elaborar planes para salir lo mejor parado que se pueda.

La ensayista y activista social Bárbara Ehrenreich dice algo estupendo para definir esta situación tan ridícula como estar riendo ante situaciones complejas: «Cuando la norma es estar de buen humor, quejarse parece una perversidad. ¿Quién va a querer salir con una persona 'negativa' o darle trabajo? El truco, si quieres progresar, es fingir que te sientes animadísimo, por mucho que quizá no sea así en absoluto».

# La menopausia no es el fin del mundo

*L*a menopausia no es una enfermedad sino una etapa natural en la vida de la mujer. Implica cambios y sensaciones nuevas, algunas muy molestas y otras no tanto, pero de todos modos es una fase por la que todas, más tarde o más temprano, deben transitar. Así que protestar no lleva a ninguna parte. Hay opciones alopáticas, homeopáticas y terapias alternativas para sentirse mejor, pero no hay forma de evitarla.

Muchas han afirmado que practicar yoga las ha ayudado a sobrellevar los famosos sofocones y sudoraciones a través del buen manejo de la respiración. Otras han intentado, y con buenos resultados, los tratamientos hormonales. Hoy en día existen bastantes recursos como para transitar más dignamente esta nueva situación, sin estar angustiadas e incómodas. La gran mayoría también padece la menopausia porque la relaciona directamente con la vejez y le es intolerable sentir esta marca temporal. Pero la noticia es que, aunque el tiempo pasa para todos, la menopausia sólo es un momento más en nuestro camino. Desde que nacemos envejecemos. ¿Ahora nos angustiamos por la edad? No tiene sentido. Los hombres sufren andropausia, los niños se transforman en adolescentes, estos en adultos y estos en mayores. Así transcurre la vida y debemos aceptarlo.

Así que prepárense con espíritu sereno a soportar los calores, a comprarse abanicos, a ponerse hermosa y a recordar que si sobrevivieron a partos, cesáreas, menstruaciones, esto es una «bicoca».

# Bendición disfrazada

Un día, mientras Nasrudim y sus amigos se hallaban reunidos, un monje se aproximó y les dijo:

—Mi Maestro me instruyó para que comunicara que la humanidad nunca logrará su realización hasta que el hombre que no ha sufrido una injusticia esté tan indignado con ella como el hombre que de hecho la ha sufrido.

Los que allí estaban quedaron mudos por la incomprensión.

Nasrudim dijo entonces:

—Mi Maestro me enseñó que nadie debería indignarse acerca de nada hasta no estar plenamente seguro de que lo que cree que es una injusticia realmente es una injusticia y no una bendición disfrazada.

# Dale a cada cosa su justa dimensión: el trabajo y la vida

Mi amiga Pilar, de 45 años, es editora. Le encanta su trabajo y es muy responsable en cada tarea que desarrolla en la oficina. Sin embargo, no puede disfrutarlo como le gustaría porque cada fallo o error, por pequeño que sea, se transforma en una fuente de sufrimiento y autocastigo.

Es fundamental entender esto: cuando uno desarrolla una tarea, sea cual fuere, debe poner la mejor disposición y cumplirla de la mejor manera, pero no debe irse su vida en ello. NO es posible perder la salud física y mental por un trabajo. Lo que corresponde es dedicarse pero sin exagerar. Importantes son la familia, los amigos, insisto, la salud, pero un trabajo no puede ni debe apartarnos de la felicidad. Por eso es necesario dimensionar los problemas, darle a cada cosa su verdadera importancia y magnitud y adoptar una actitud ante ello de la forma que corresponde, sin exageraciones. Esto es para todos los órdenes de la vida. Perder un familiar es muy fuerte, que un hijo se enferme es doloroso y angustioso, la ruptura de una pareja es algo penoso y también intenso, que un cliente anule una compra, que no seamos el mejor gerente del mes, que no hayamos cumplido las expectativas en las ganancia a generar… es molesto, pero no debe quitarnos el sueño.

# Comienza a ser flexible en tu manera de pensar

Una persona flexible es capaz de afrontar otras perspectivas con optimismo.

La rigidez mental es propia de las personas que no se hallan abiertas a críticas, opiniones y puntos de vista diferentes. Quienes son inflexibles, no desean cambiar de idea. De hecho, de «cambiar» podría decirse que está fuera de todos sus planes, pues una vez que trazaron un camino nadie puede torcerlo o modificarlo. Se creen dueñas absolutas de la verdad y no hay forma de que se abran a otros conceptos. Ni qué hablar de la espontaneidad o de la improvisación… no existen en su vocabulario, dado que todo debe estar bajo control y encasillado en el lugar exacto que le asignó. Esta rigidez define a una persona que es incapaz de asumir las críticas por parte de los demás, que no atiende a las opiniones de los amigos y que cree estar en posesión de la verdad siempre y en cualquier circunstancia. La falta de flexibilidad muestra la falta de autoestima de una persona que necesita tenerlo siempre todo bajo control para vivir. Es decir, no se permite improvisar ni ser espontánea. Por tanto, una persona con un elevado grado de rigidez mental se pierde la capacidad de ser creativa, de vivir en función de los dictados del corazón y de la libertad.

Si te permites, aunque sea de a poco, ser más flexible, verás que los resultados que obtendrás son importantes, ya que se expanden los procesos creativos, cambia el humor, pues ya nada te parece ni tan grave, ni tan terrible, ni tan equivocado. Es como insuflar alegría y optimismo allí donde solo había aspereza y rigidez. No temas cambiar. Sólo te esperan cosas buenas. En cambio, el entumecimiento, la rigidez solo te detienen.

# Cómo encontrarse a uno mismo

*M*enudo tema es este, pues el autoconocimiento parece casi una misión imposible. Sin embargo, en "Un curso de milagros" se puede encontrar una receta maravillosa: tu hermano es el espejo en el que ves la imagen que tienes de ti mismo mientras perdure la percepción.

Es decir… como todos somos uno, conocer al otro es conocernos a nosotros mismos. Como dice Enric Corbera: «Aplicar el método del espejo a nuestra vida es una forma rápida y eficaz de conocernos a nosotros mismos».

Hay una palabra clave que puede llevarnos a interiorizarnos más acerca de nosotros: «Proyección». Cuando estamos con otra persona, proyectamos sobre ella cosas que nos gustan y disgustan de nosotros mismos. De ese modo, sabiendo eso, podemos ver cómo somos realmente. Veamos otro párrafo de "Un curso de milagros": «La espada del juicio es el arma que le entregas a esta ilusión de ti mismo, para que pueda luchar e impedir que el amor llene el espacio que mantiene a tu hermano separado de ti. Mientras empuñes esta espada, no obstante, no podrás sino percibirte a ti mismo como un cuerpo, pues te habrás condenado a estar separado de aquel que sostiene el espejo que refleja otra imagen de lo que es él y, por ende, de lo que tú no puedes sino ser también».

# Acerca de las frustraciones

Siempre retornamos al mismo punto que se desarrolla en todo el texto: las creencias que tenemos sobre nosotros y el mundo que nos rodea. Cuando creemos que nuestra vida debería ser mejor, cuando creemos que tendríamos que ganar más dinero, que la vida debería ser más justa, que tendríamos que ser más felices, más exitosos, etc... lo cierto es que depositamos demasiadas expectativas en lo que debería ser o suceder. Desarrollar fantasías o tener expectativas altísimas sólo nos conducen a la decepción, al desencantamiento y por ende a la frustración. Reconozcamos que es recomendable tener deseos, esperanzas, ganas de lograr ciertas metas, pero siempre es útil tener presente que estas metas sean realistas. Es seguro que podemos pedir al Universo ciertos deseos, también es verdad que podemos pretender que nos ocurran muchas cosas buenas en nuestra vida, pero siempre manejándonos con unos parámetros que tengan relación con nuestras realidad, vida, capacidades y necesidades.

# ¿La libertad te da miedo?

La libertad de elección a muchos les produce angustia, los instala en una encrucijada, en un laberinto del que es difícil escapar. Kierkegaard observaba: «Cuando contemplo mis posibilidades experimento ese terror que es el vértigo de la libertad y llevo a cabo mi elección asustado y tembloroso».

Millones de personas no tienen problemas a la hora de tomar decisiones, de hacer elecciones pero a otra cantidad similar de gente le produce vértigo manejar su libertad, con todo lo que ello implica. Es que cuando se elige, se toman las riendas de la propia existencia, ya nadie decide por nosotros y, entonces, entra en consideración un concepto igual de complejo: responsabilidad… hacerse responsable de las opciones que aceptamos y aceptar total y completamente todas sus consecuencias, sean buenas o malas. El posponer las decisiones o dejarlas en manos de otras personas es una actitud casi infantil, pues, de ocurrir un error, la culpa la tiene el otro y uno se siente no responsable de los hechos. Es una lástima para las personas que así actúan, pues la noticia es que vivir implica en todo momento aceptar retos y para ello es fundamental manejarse en libertad. Sin importar dónde estés, qué estés haciendo y sus consecuencias, reflexiona, elige y emprende tu camino. Nadie puede privarte de tu libertad ni tú debes dejarla en manos de otros. La libertad puede provocar susto pero es una experiencia maravillosa de la que ningún ser humano debería estar privado.

# Deja de lado el fatalismo

Es interesante y a la vez trágico presenciar cuánta gente posee la creencia en la fuerza del destino, esto es, pensar que existe una especie de libro en el que se encuentra escrito todo lo que sucederá y que es imposible modificarlo. Tarde o temprano, esta interpretación resta fuerza, poder, decisión y, por lo tanto, libertad, pues significa dejar en manos de «la suerte, la magia, un otro» nuestras acciones y motivaciones, nuestros intereses y anhelos. En cambio, todo se torna más interesante cuando se apuesta a la posibilidad de cambio y, con entusiasmo y coraje, se construye el futuro con todos sus pros y contras. Vivir de este modo, si bien implica riesgos, también produce grandes alegrías porque lo que sucede en tu vida es solo porque tú lo has elaborado, trabajado y elegido.

> *Caminante, son tus huellas*
> *el camino y nada más;*
> *Caminante, no hay camino,*
> *se hace camino al andar.*
> *Al andar se hace el camino,*
> *y al volver la vista atrás*
> *se ve la senda que nunca*
> *se ha de volver a pisar.*
> *Caminante no hay camino*
> *sino estelas en la mar.*

# La queja destructiva

Un militar británico, Wilfrid Northfield, afirmaba: «De una cosa debe guardarse (…) con toda su energía, y es de hablar de sus problemas. No tendrá con ello consuelo alguno ni ayuda. Hablar de los problemas de un modo voluble y desesperado sólo sirve para multiplicar el martirio y revolver las emociones. Y no sólo eso sino que es muestra de egoísmo».

Como dice la autora Christine Lewicki: «Todos tenemos una queja que reaparece constantemente (…). Es lo que yo llamo queja impulsiva».

La queja impulsiva es como un deporte, ingrato por cierto, pero deporte al fin. Se practica todos los días y cada vez se le dedica más tiempo. En realidad, este hábito se encuentra lejos del querer hallar una solución, más bien se busca la complicidad en el otro para confirmar todo aquello en lo que creemos: que el mundo está mal, que los precios de los productos están caros, que los medios de transporte no funcionan bien, que la burocracia cada vez está peor, etcétera. El fin, entonces, no es encontrar un modo de resolver algo porque si el interés estuviera puesto allí, nos abocaríamos a ello y listo, pero aquí el objetivo es protestar, levantarnos la presión hasta las nubes, regodearnos en la bronca y dejar todo como estaba. La gran movilizadora es la indignación. Pero esta, sin un deseo de solución que la respalde, es un gasto de energía irracional que sólo produce malestar y enojo.

Si algo te deja descontento, trata de arreglarlo, muévete para enmendarlo pero no seas un «quejica» que sólo parlotea. Sé proactivo y lucha por lo que quieres cambiar.

# Deconstruye tus prejuicios

*Nunca es demasiado tarde para abandonar nuestros prejuicios. No podemos confiar sin pruebas en ninguna forma de pensar o de actuar, por antigua que sea.*

*Walden*, de H. D. Thoreau

rimero es necesario aclarar que un prejuicio es una opinión respecto de algo que no se conoce o se conoce mal. De modo que el prejuicio nace a partir de un error. Se trata de una crítica basada en creencias, faltas, emociones, sentimientos que llevan a elaborar conceptos o generalizaciones que por lo general están equivocados y los cuales, con frecuencia, pueden provocar serios problemas, fomentar la separación, la discriminación e incluso guerras. Cuando tengas una idea formada de algo, repásalo antes de emitir un juicio, no lo exteriorices. Las palabras y las actitudes pueden herir y herirte.

Julio, después de varias decepciones amorosas, dio por hecho que todas las mujeres eran unas vanidosas, interesadas y mentirosas. Una vez cristalizado ese pensamiento, en vez de buscar una hermosa relación, en vez de acercarse de manera amorosa, de alguna extraña manera buscaba mujeres que reforzaran esa idea que tenía de ellas: si la mujer con la que salía le demostraba lo contrario a sus creencias, automáticamente cortaba la relación. Era para él más importante reafirmar la imagen que tenía de la población femenina que romper sus estructuras y modificar su forma de verla.

Por ello, al armar conceptos uno debe repasarlos mil veces, pues nos alejan de la gente, de experiencias gratificantes, nos ubican en la soledad y el enojo.

Cambiar de idea no es no tener carácter, por el contrario, es tener una personalidad elástica, que se adapta bien a los cambios, que es capaz de sentir empatía y que está deseosa de aprender de todo y de todos.

# No grites, no maltrates solo mantén una firme cordialidad

Aseveraba Albert Ellis que uno debía mantener una firme cordialidad. Pero, ¿a qué denominaba firme cordialidad? Precisamente al hecho de ser constantemente agradable con la gente, pero estableciendo límites definidos, es decir, «significa ser capaz de ver las cosas desde los puntos de vista de los demás, pero sin perder de vista del todo las propias necesidades y los propios intereses».

Una persona que para hacer valer su opinión siente necesidad de imponerse mediante la violencia física o los gritos lo hace porque su autoestima, su sentimiento de valía está muy mal. Cuando alguien siente respeto por sí mismo, cree en sus ideas y respeta las de los otros. A lo sumo, si no logra cohesión se retira, pero no busca plasmar sus creencias o proyectos a través de la fuerza.

La mejor manera de establecer el punto de vista propio es acercarse al otro, tratar de entender qué piensa y, a través de una sana discusión, plantear lo que nosotros pensamos. El diálogo coherente, basado en la amabilidad y el mutuo entendimiento, genera relaciones humanas de calidad y logra hermosos y fructíferos acuerdos entre la gente.

## Instrumentos de comunicación no violenta de Marshall B. Rosenberg

Los cuatro componentes de la CNV son:

1. Observación.
2. Sentimiento.
3. Necesidades.
4. Petición.

En primer lugar, hay que observar lo que realmente sucede en una determinada situación. En segundo lugar, una vez vista y analizada la situación, expresar el sentimiento que esta me produce. En tercer lugar, expresar la necesidad apropiada. Y, finalmente, expresar sin exigencias pero con firmeza lo que deseamos para solucionar la situación.

Veámoslo con un ejemplo:

1. Mi vecino de apartamento pone su música altísima a cualquier hora y no me deja descansar apropiadamente.

2. Hablo con mi vecino, objetivamente, acerca de la problemática, sin emitir juicios, sólo exponiendo la falta de descanso por el volumen de su música.

3. Le explico a esta persona qué necesito para estar mejor, pues de esa manera, es imposible dormir.

4. Sin exigencias y exabruptos, solicitarle amablemente un pequeño cambio, una pequeña concesión para vivir tranquila y armoniosamente en el mismo edificio.

5. Agreguemos un componente más: la otra persona podría negarse o preguntar qué recibiría a cambio por realizar lo que le pedimos. En ese caso se llega a un momento de negociación, en la que se verá qué puede necesitar el otro y si ambos pueden conceder algo para llegar a un final feliz y pacífico.

### *Palabras de motivación*

*(…)Para obtener los mejores resultados, las principales ayudas son: primero, el recto discernimiento acerca del objeto de la concentración; segundo, una clara y definida comprensión de lo que deseamos alcanzar; tercero, la confianza en nosotros mismos y, por último, una firme determinación, un propósito fijo y perseverancia. Disraelí dijo:«Por larga meditación he llegado a la convicción de que un ser humano con un propósito firme lo realizará y nada puede resistir a la voluntad que arriesga aun la vida para alcanzar un objetivo». Según los yoguis, una mente firme, resuelta y determinada, con un propósito definido, logrará los mejores resultados (…).*

*El desarrollo espiritual y otros temas religiosos,* de Swami Abhedananda

# No permitas que dirijan tu vida

*N*unca olvidaré que tenía una compañera de trabajo cuya vida era un desastre, pero no escatimaba consejos a la hora de opinar sobre la vida de los demás. Nadie le pedía su opinión, pero se plantaba como si tuviera todas las respuestas y daba recetas mágicas para solucionar cada uno de los problemas que le parecía que los «otros» tenían. Sí, leyeron bien, «los otros», pues ella era ajena a su propia realidad. Sin embargo, siempre estaba dispuesta a levantar el dedo índice para señalar problemas ajenos. Era soberbia, pues creía que todo lo sabía y, a la vez, ciega respecto de su situación.

La cuestión es que personas así siempre tratarán de inmiscuirse en tu vida, querrán decirte qué hacer y de qué manera. Sin embargo, no debes prestarles atención, pues sólo tú conoces tu realidad y sabes la respuesta… aunque a veces no estés dispuesta a reconocerla.

Es posible que gente querida, familia, amigos directos o profesionales se animen a darte su parecer, basado en el amor o en el conocimiento que le brinda su carrera, y puedes escucharlos para enriquecer tu punto de vista. Sin embargo, cuando te encuentres con los «opinólogos» aléjate de ellos o sencillamente ofréceles la salida, pues no buscan ayudarte sino pararse en un pedestal y que realices lo que ellos mismos no son capaces de hacer.

Con gentileza, sin herir, diles que no buscas opiniones, que quieres resolver el problema por tus propios medios y apártate.

# Solo opina cuando te lo pidan

«*L*e dije que era obesa, no rellenita, porque es LA VERDAD y alguien tenía que decírselo –comentaba Mónica en una reunión con sus amigas– porque las cosas hay que largarlas de una vez y sin vueltas. Yo sé que ella es gorda y, por su bien, la llamé aparte y le dije que tenía que adelgazar porque tenía sobrepeso».

¿Cuántas veces hemos escuchado comentarios como estos o parecidos? Muchas, seguro. Porque hay gente que se cree absolutamente poseedora de la verdad y siente que es su obligación enunciar lo que piensa y sin ningún filtro, sin anestesia. Por otro lado, como se siente un portador exclusivo de la verdad, el otro debe escuchar y aceptar esa verdad.

Pues no es así. Si alguien te pregunta, responde, pero ten mucho cuidado porque nuestro punto de vista puede ser totalmente opuesto a la opinión de quien tenemos enfrente. Siempre que te la pidan, di la verdad, pero sin ofender, sin maltratar, pues es posible decir algo de forma amorosa, siendo delicado y sin mentir. No es cierto que para dar una opinión se deba ser brutal. Cuando digas algo, trata de ponerte en su lugar.

*Presta el oído a todos, y a pocos la voz. Oye las censuras de los demás; pero reserva tu propia opinión.*

William Shakespeare

# No te aflijas por ciertos olvidos y desconciertos

*L*a represión, según la teoría psicoanalítica, es considerada un tipo de olvido activo, por tratarse de experiencias de contenido amenazador, o evocadoras de ansiedad. Estos recuerdos no se pierden, sino que no son accesibles a la conciencia.

A diario se ven personas sumamente atormentadas porque afirman que se olvidan de hacer muchas cosas: no pasó por la tintorería, se olvidó de comprar algo en el mercado, no recuerda dónde dejó las llaves, no sabe dónde anotó aquel número de teléfono, vaya a saber en qué lugar puso la tarjeta de crédito y tradicional pregunta: «¿Qué estaba buscando yo?"... la lista es inmensa. Estas desorientaciones o «patinazos» se multiplican cuando la demanda de concentración es alta y las tareas muchas.

Debo estar mal de la cabeza dicen algunos, debo tener Alzheimer alegan otros, pero un elevadísimo número de casos está relacionado con las altas exigencias diarias, el cansancio y el estrés… esto sumado a algunos cuadros de depresión y ansiedad. Bueno, ya sabemos el resultado. ¿Por dónde iba? Ah, sí…

Los despistes no deben afligirnos, por el contrario nos están señalando que estamos sobrecargados de obligaciones y actividades y que debemos tomarnos pequeños descansos, organizarnos mejor y aceptar menos compromisos.

Obviamente, si las «lagunas mentales se convierten en océanos insondables» ya nos encontramos ante un problema que requiere atención médica, pero si no, olvidarse es una llamada de atención para desacelerar.

Tranquilízate, respira hondo y organiza mejor tu día.

# Aprende a controlar la ira

Cuando diste el primer paso en el camino de la ira, es como una compuerta que se abre y arroja todo fuera para arrasar cuanto tiene a su paso. Luego, sólo resta tratar de reconstruir lo que se ha roto, pero ya nada es igual. Lo que atacaste se resquebrajó y por más que se unan las piezas o se pidan disculpas, el daño ya está hecho. De modo que, para manejar estos descontroles, es importante descubrir qué mecanismos los accionan. Como dice Daniel Goleman: «Hay hábitos emocionales que pueden minar nuestras mejores intenciones», motivo por el cual será fundamental averiguar qué es lo que nos detona. Es cierto que existen muchos gatillos inconscientes, por los cuales un gesto, una mirada, un olor puede disparar ese animal que llevas dentro, en cuyo caso es vital aprender algunas estrategias:

1. Evitar o manejar esas cosas que pueden enojarte.
2. Evita ponerte en situaciones que te alteren, dentro de tus posibilidades. Y si hay situaciones con las que debes lidiar y que no hay manera de evitar, encuentra el modo de pasarlo de la mejor manera posible. Busca el lado más amable del acontecimiento.
3. Si te altera, por ejemplo, que te suene el móvil enmedio de una reunión, recuerda apagarlo o dejarlo en vibración. Si te molesta hablar con una persona de quien sabes que te interrumpe a cada rato, pídele delicadamente que te deje terminar una idea o sencillamente cruza con ella dos o tres palabras y termina la conversación. Por lo general, a la gente que interrumpe no le interesa lo que piensa el otro y, por lo tanto, no tiene sentido tratar de mantener una conversación con esa persona.
4. Recuerda algo fundamental: no se trata de suprimir las emociones, sino aprender a manejarlas o encontrarles la vuelta como para que no sean tan destructivas.

# No seas un integrante más de la sociedad del cansancio

*(…); pero lo peor de todo es cuando uno es negrero de sí mismo.*

*Walden*, de H. D. Thoreau

«La sociedad del cansancio» es el nombre que le puso el filósofo Byung Chul Han a nuestra sociedad actual que no para de repetir a diario «no tengo tiempo», «estoy a full», «no doy más», «la agenda explota de actividades». El paisaje común es ver gente dormida en los medios de transportes, caras de desgaste y cansancio por doquier, personas que mientras cruzan calles, hablan por el móvil, anotan temas en una agenda. Son zombis modernos que en vez de buscar cerebros para consumir, buscan más tareas para hacer. Las oficinas antes tenían dos metros por dos metros, ahora ocupan toda la ciudad. Cuando se terminaba el horario laboral se iba a casa a descansar o dedicábamos tiempo al ocio, ahora las 24 horas son laborales. La gente atiende clientes desde sus baños, mientras come, durante las vacaciones.

Antes estaba la figura de un jefe o gerente como cara visible de una gran empresa que nos exigía cada vez más, ahora ese rostro es el nuestro porque, dicha sea la verdad, somos nosotros quienes nos estamos explotando. Creemos que porque no estamos entre cuatro paredes gozamos de una infinita libertad y, sin embargo, no es que no estemos entre paredes sino que las paredes están a una distancia mayor y no las vemos… pero allí están.

«Esa libertad conquistada es, de hecho, un espacio de autoexplotación», dice el filósofo. Por eso es vital recuperar el control, volver a tener un horario de trabajo bien determinado para luego dedicarnos plenamente al descanso y a la dispersión, a hablar con la familia y divertirnos con amigos.

# Palabras de un reloj

Trabajo más que cualquier mortal, pero más fácilmente porque lo hago segundo a segundo.

Tengo que hacer miles de tic-tac para formar un día, pero dispongo de un segundo para hacer cada uno de ellos. No los quiero hacer todos a la vez.

Nunca me preocupo de lo que hice ayer, ni de lo que tendré que hacer mañana. Mi ocupación es de hoy... ¡aquí y ahora!

Sé que si hago lo de hoy bien, no tendré que molestarme por el pasado ni preocuparme por el futuro.

Tú, que eres persona, si quieres vivir tranquilo y tan feliz como yo, no trates de vivir toda tu vida, ni echarte todo el peso de tu trabajo en un solo día. ¡Vive ahora!

Haz el trabajo de cada día en su día. Te convencerás de que si se toma tiempo, siempre hay tiempo para todo.

Hay un modo difícil de hacer el trabajo que tiene que hacerse.

Si quieres encontrar el modo fácil... ¡mírame a mí! Nunca me preocupo, nunca me apresuro... ¡pero nunca me retraso! Lo que tengo que hacer... ¡lo hago!... ¡Ese es el secreto!

motivaciones.org

# No te prives de un abrazo

*Necesitamos cuatro abrazos al día para sobrevivir, ocho abrazos al día*
*para mantenimiento, y doce abrazos al día para crecer.*

Virginia Satir

El abrazo es el mejor remedio para el sentimiento de soledad, los dolores del alma, las angustias del espíritu, la sensación de incomprensión, la necesidad de contención. Nada se compara con su poder. Alguien que te abraza te dice que te quiere, que te da su apoyo, que te cuida, que quiere verte bien.Cuando tú eres quien abraza, realizas un acto completamente desinteresado de brindarte para fortalecer al otro, consolarlo y trasmitirle empatía, cariño y generosidad. El abrazo ennoblece tanto a quien lo da como a quien lo recibe. Es un cálido gesto que nos une como seres humanos. Necesitar abrazos o darlos no es cursi ni de débiles, sino de gente fuerte dispuesta a dar de sí lo mejor, a ser receptiva sin desconfianza y con amor hacia ese otro que nos quiere ayudar.

Lo peor que te pueda pasar es no querer que te abracen por temor a parecer frágil y nada más inquietante puede sucederte que no sientas necesidad de apresar entre tus brazos a otra persona para decirle… yo estoy aquí, cuenta conmigo.

*Abrazar es saludable: favorece el sistema inmunitario, te mantiene*
*sano, cura la depresión, reduce el estrés, induce el sueño, vigoriza,*
*rejuvenece, no tiene efectos colaterales indeseables… en una palabra, es*
*una droga milagrosa.*

*Sopa de pollo para el alma,* de Jack Canfield

# Presta atención a las alarmas de tu cuerpo

Tos, resfrío, somnolencia, contracturas y todo tipo de dolores corporales… todos nos están indicando que hay que frenar un poco la marcha, descansar más y ver qué está pasando.

El cuerpo todo el tiempo nos da indicios, tiene un lenguaje propio y si no le prestamos atención la enfermedad se apodera de él.

Debes tener mucho respeto por las señales que envía: si él te pide descanso, dieta, más ejercicio, menos exigencia, debes hacerle caso, ya que de no hacerlo de a poco irá perdiendo vitalidad, fuerza, energía, elasticidad y resistencia.

Miles de personas toman somníferos, aspirinas, antiinflamatorios (autorecetados) para silenciar ese cuerpo que denuncia. Lo callamos y lo forzamos para que siga, dándole cualquier cosa con tal de que avance a pesar de todas las alarmas.

Pues bien… si quieres morir joven, hacer esto es la alternativa más segura.

Si en cambio deseas tener una vida serena y sana, deberás tomar muy en cuenta lo que pronuncia ese físico que tienes y será fundamental que respetes sus pedidos. Tenle mucho respeto si quieres estar joven y en buena forma por largo tiempo.

# Cadena de favores

*S*i bien, a veces, el mundo parece despiadado y minado de peligros, hay infinidad de cosas hermosas, gente que se ama y protege y personas completamente desinteresadas que viven haciendo obras de bien, tan solo para lograr que otros salgan de la oscuridad, el abatimiento, la soledad y la tristeza.

De eso se trata la «cadena de favores» y el concepto que se hiciera famoso a través del film norteamericano basado en el libro de Catherine Ryan Hyde: *Pay It Forward*.

Para formar parte de este amplio círculo virtuoso en que se realizan acciones por el simple hecho de ayudar a otros, sin segundas intenciones y que, a la larga se transforma en una gran red de generosidad y empatía que no tiene límites, es necesario tener en cuenta algunas cuestiones:

1. Donde sea que estés, trata de ayudar a alguien, con pequeños o grandes gestos, pero siempre trata de realizar algo bueno por otra persona… Incluso puede tratarse simplemente de brindar una sonrisa a alguien que se ve triste.
2. Bríndate tanto a personas de tu núcleo familiar y a amigos como a gente que te necesita pero que no conoces.
3. Difunde esta cruzada de amor… conviértete en un promotor de la buena onda y la generosidad.
4. Y, finalmente, cada vez que alguien haga algo por ti, tenlo presente y conviértelo en una buena obra para otro.

La gran pregunta que puede surgir es, ¿qué logro ayudando a los demás? Ayudarte a ti mismo, pues generalmente las buenas obras, tarde o temprano, vuelven a ti y si no lo hacen habrás ayudado a gente que necesitaba en un momento difícil de tu cariño y comprensión. Si todos actuáramos de esta manera, seguramente el mundo sería muchísimo más bello.

# Vive con alegría y sanamente

1. Escucha buena música.
2. Que tu vida tenga las tres E: empatía, energía y entusiasmo.
3. Todos los días encuentra un motivo para sonreír.
4. Ten actividades lúdicas.
5. Abraza y déjate abrazar cuanto puedas.
6. Realiza ejercicio.
7. Practica meditación.
8. Ponte metas que te llenen de ganas de vivir.
9. Lee libros que te colmen de optimismo y que te hagan repensar todo aquello que no estás viendo de buena forma.
10. Nunca dejes de soñar y creer en esos sueños.
11. Aprende de los problemas. Todos tienen una moraleja.
12. Ordena tu vida para que la energía fluya bien.
13. No te preocupes por lo que piensan de ti… vive bien, haz el bien, y el resto son tonterías.
14. Acepta tu pasado y aprende de él, pero no dejes que perjudique tu presente y tu futuro.
15. ¡Carpe diem!
16. Hazte responsable de lo que sucede en tu vida. Tomas las decisiones que debes y no dejes el control en manos de otros.
17. Apréciate tal como eres.
18. Recuerda esta frase: «ESTO TAMBIÉN PASARÁ». Así, si hoy te sucede algo malo, no te preocupes, pues ya pasará; y si te sucede algo bueno, disfrútalo, porque también pasará.
19. Valora a tu familia y tus amigos. Siempre date un momento para estar con ellos.
20. No importa cómo te sientas hoy. Levántate y haz algo, pero no te dejes derrotar por la tristeza o la amargura… siempre puede suceder algo hermoso en tu vida.

# Patch Adams y la risoterapia

*A veces, el ser humano encuentra más penoso divertirse que esforzarse.*

Yukio Mishima

Patch Adams es un médico diferente: inventó la risoterapia, es decir, un método de curación a través del humor y del amor. Como miembro de la comunidad científica, entendió que la persona es una maquinaria compleja que funciona con diversos combustibles, entre ellos, el amor, la risa y la diversión. Cuando no nos divertimos, no recibimos o damos cariño, enfermamos, nos atrofiamos y es por eso que es tan importante tener periódicamente un lapso para actividades lúdicas, para recibir y brindar ternura y amistad, para reírse con la familia, conocidos o desconocidos, con películas o libros.

El ser humano precisa tanto como el oxígeno de sentimientos y esparcimiento, pues estos tienen el rol fundamental de saneamiento, purificación y ordenamiento de nuestra mente y nuestras emociones. Es necesario alejarse de la oscuridad y la tristeza y dedicar tiempo a menudo al feliz ocio y a la camaradería.

*La vida es corta y todos hemos de morir, así que más vale aprovechar las oportunidades de diversión que se presentan.*

Dean Koontz

# Cómo limpiar tu aura y tu hogar quemando salvia

La salvia blanca (miembro de la familia de la menta) tiene una multiplicidad de usos, entre ellos, las limpiezas espirituales y áuricas. Para esto es necesario juntar salvia seca y quemarla en un cuenco en cualquier lugar de la casa, de la oficina, del ático o espacio que nos interese, para cambiar las energías y eliminar las negativas. La purificación se realiza quemando la salvia y dejando que el humo se filtre por todos los ambientes que se hallan afectados por la «mala vibra». Al esparcir este humo, limpiamos los cuartos y a nosotros mismos, es decir, al mismo tiempo realizamos una profunda depuración metafísica.

Este ritual tan bello ayuda a combatir el estrés (si meditamos mientras esparcimos su humo) y a desechar el enojo y la negatividad que se encuentra instalada en el hogar, y convoca al amor y la buena energía para que se instale donde vivimos y en nuestro cuerpo.

Estas son las recomendaciones: quemar salvia en lugares donde se notan perturbaciones; en un hogar al que acabamos de mudarnos; cuando hacemos meditación y relax; en el lugar donde trabajamos. Otra sugerencia es que mientras dispersamos este humo ceremonial realicemos al mismo tiempo afirmaciones positivas y bendiciones, pues colaborará con la purificación y la renovación espiritual.

Finalmente, una vez terminado el ritual, los restos que han quedado de la salvia deberán ser desechados. Jamás deben quedarse con ellos.

# Comprométete a vivir con intensidad y regocijo

*Yo me comprometo a vivir con intensidad y regocijo,*
*a no dejarme vencer por los abismos del amor,*
*ni por el miedo, ni por el olvido,*
*ni siquiera por el tormento de un amor contrariado.*
*Me comprometo a recordar,*
*a conocer mis yerros, a bendecir mis arrebatos.*
*Me comprometo a perdonar los abandonos,*
*a no desdeñar nada de todo lo que me conmueva,*
*me deslumbre, me alegre, me quebrante...*
*Larga vida prometo, largas historias, larga paciencia.*
*Y nada abreviaré que deba sucederme: ni la pena,*
*ni el éxtasis...*
*para que cuando sea vieja, tenga como deleite*
*la detallada historia de mis días.*

Ángeles Mastretta

# *Cuatro pasos fundamentales para dar en tu vida*

1. Identifica perfectamente qué es lo que no quieres en tu vida.
2. Identifica exactamente qué es lo que sí deseas para ti.
3. Trabaja y concéntrate para lograr lo que anhelas.
4. No te dejes vencer. No te desanimes. Siempre mantén la esperanza y sigue luchando por tus objetivos.

Si tienes estas cuatro premisas como guías y no desistes, difícilmente la adversidad y los contratiempos te venzan. Cuando uno no se deja avasallar por las dificultades, los reveses, el cansancio o el temor, todo a lo que aspiramos nos llega tarde o temprano.

A una persona que persevera, que no abandona la carrera cuando las situaciones se tornan difíciles, el éxito le llega inevitablemente. Este logro puede ser el amor, la amistad, un puesto laboral, la casa soñada.

Si tomas estos cuatro pasos como leyes fundamentales de tu existencia, lograrás todo lo que deseas. En la vida, 90% es trabajo, empeño y esfuerzo, y un 10% lo que se dice «suerte».

## *Caminos que no se pueden esquivar*

*Caminos que habrá que recorrer si uno pretende seguir.*
*Caminos donde aprenderemos lo que es imprescindible saber para acceder al último tramo.*
*Para mí estos caminos inevitables son cuatro:*
*1. El camino del encuentro definitivo con uno mismo, que yo llamo el camino de la Autodependencia.*
*2. El camino del encuentro con el otro, del amor y del sexo, que llamo el camino del Encuentro.*
*3. El camino de las pérdidas y de los duelos, que llamo el camino de las Lágrimas.*
*4. Y el camino de la búsqueda del sentido, que llamo el camino de la Felicidad.*

Jorge Bucay

# *Truquitos mágicos para que duermas bien*

*N*o son pocas la veces que nos cuesta dejarnos llevar por Morfeo y caer en un sueño profundo, pues las actividades diarias y las preocupaciones nos llenan de ansiedad, preocupación y hasta malestar. Sin embargo, hay ciertas recetas caseras que son como constantes para ayudar a calmarnos, relajarnos y dormir en paz.

1. Tener una cama ordenada y limpia.
2. Si no tienes alergias, puedes verter algunos perfumes suaves en las sábanas.
3. Pon cerca un vaso con agua para que absorba las malas energías.
4. Escucha música suave.
5. Leer un libro, obviamente no de terror, política o acertijos, sino narrativa sobre temas fundamentales de la vida, brinda consuelo y calma y nos hace «aflojarnos» y prepararnos bien para descansar.
6. Usa ropa holgada y cómoda para estar entre tus frazadas.
7. Date una ducha antes de ir a dormir ya que es una buena forma de eliminar las impurezas del ambiente y energéticas a las que estuvimos expuestos durante el día.
8. Si es posible, úntate en el cuerpo cremas que posean aromas tales como: lavanda, jazmín, sándalo, rosa y azahar. Sin embargo, el tema de las fragancias es bastante personal y puede que otros olores te brinden más relax que los mencionados. Todo es cuestión de probar hasta darle en la tecla.
9. No comas pesado de noche, más vale tomar una cena frugal.
10. En ocasiones, la completa oscuridad no ayuda a conciliar el sueño y es mejor, por lo tanto, tener cerca una luz muy tenue que haga más cálido y agradable el ambiente.
11. Otro método interesante es colocar debajo de la cama y cerca de donde ponemos nuestra cabeza, un vaso con vinagre y hojas secas de laurel, ya que estas alejan las energías negativas.

# Recibe los beneficios del poder de la Luna

*Todos somos como la Luna brillante, todavía tenemos nuestro lado*
*oscuro.*

Khalil Gibran

La influencia de la Luna en todos los aspectos de la vida es una creencia que se originó en tiempos muy remotos y hoy en día sigue vigente, pues se ha demostrado que interviene notablemente en varios aspectos: psíquicos, físicos, por mencionar algunos. Los distintos estados de ánimo se encuentran fuertemente relacionados con las diferentes etapas lunares.

El ciclo lunar dura 28 días, cada fase dura una semana y cada estadio interviene de diferentes formas en nuestros sentires y humores.

Durante la luna nueva se dice que es momento ideal para emprender proyectos y concretar metas, y el momento oportuno para alejar de nosotros todo aquello que nos hace daño y nos lastima.

El cuarto creciente consta de dos fases, la primera es muy buena para solucionar problemas y la segunda para emprender proyectos, iniciar relaciones o mejorarlas dado que es un momento con muy buenas energías.

La Luna llena es propicia para mejorar la relación matrimonial, conseguir pareja o concebir un niño.

El menguante es una etapa para dejar de lado todo aquello que nos ata pero de manera insana.

# Consejos para padres con niños autoritarios

El síndrome del emperador es un término que se emplea para definir a niños o adolescentes con comportamientos tiránicos que suelen maltratar física o verbalmente a sus padres. Demandan todo el tiempo atención y deseos de todo tipo. No vacilan a la hora de exigir todo lo que se les ocurre, además, lo hacen con muy malos modos. Veamos algunas recomendaciones:

1. Fijar límites claros.
2. Dedicar más tiempo para estar con los niños. En la medida de las posibilidades de cada uno.
3. Transmitir valores éticos que les sirvan de guía para toda su vida.
4. Los padres deben ser coherentes y deben estar de acuerdo con respecto a las reglas y pautas que se les dan a los hijos.
5. Se les debe dar a entender a los hijos que cuando hagan lo que no deben, como *bullying*, no estudiar, contestar mal a los mayores, se les retirarán privilegios y dicho castigo se debe sostener con coherencia para que comprendan las consecuencias de sus actos.
6. Debe existir también un reconocimiento por parte de los padres cuando los niños se comportaron bien o tuvieron buenas actitudes, porque eso los incentivará a seguir actuando de esa manera.
7. Proteger, sí. Sobreproteger, no.
8. No festejarle picardías o pequeños actos irreverentes porque causan gracia, pues ello hace perder peso a las reglas que se les trata de enseñar.
9. Es vital predicar con el ejemplo. Si le decimos a los niños que no empleen malas palabras, y los mayores las usan indiscriminadamente, es obvio que será difícil comprender la norma y, de hecho, es probable que ellos también comiencen a hablar con improperios.

# Haz algo de gimnasia para mantenerte en forma

*R*obert Burton, el autor de *Anatomía de la melancolía*, decía que nuestro cuerpo es como un reloj: si un engranaje está fuera de lugar, todos los demás se desordenan, toda la máquina sufre; con tal admirable arte y armonía está compuesto el hombre.

En la vida cotidiana es importante una buena alimentación y ejercicios. Es un hecho conocido. Sin embargo, pocos prestan atención a esto. Una actividad física moderada es fundamental para tener vitalidad y no sufrir enfermedades. Es cierto que estar frente a un televisor comiendo un bocadillo es más fácil y hasta más gracioso que salir a caminar, pero con el tiempo, ese sedentarismo se paga con un cuerpo con problemas: dolencias musculares, problemas cardiovasculares, adiposidad localizada, colesterol alto, problemas de presión, por mencionar algunas menudencias. Ni hablar de cómo afecta el estado de ánimo el no hacer actividades saludables. Es el momento de hacer una aclaración importante: hacer deportes extremos o seguir clases extenuantes de gimnasia tampoco son una buena opción. Lo mejor es realizar yoga, pilates, caminatas, que hacen trabajar cada músculo del cuerpo con cordialidad y amabilidad. De este modo se mejoran las articulaciones, no se padecen desgarros ni dolores y mejora notablemente el carácter, la vitalidad y la resistencia a las enfermedades.

## La persona ideal sólo para ti

*Ella no es perfecta. Tú tampoco lo eres, y ustedes dos nunca serán per-*
*fectos. Pero si ella puede hacerte reír al menos una vez, te hace pensar*
*dos veces, si admite ser humana y cometer errores, no la dejes ir y dale*
*lo mejor de ti. Ella no va a recitarte poesía, no está pensando en ti en*
*todo momento, pero te dará una parte de ella que sabe que podrías*
*romper. No la lastimes, no la cambies, y no esperes de ella más de*
*lo que puede darte. No analices. Sonríe cuando te haga feliz, grita*
*cuando te haga enojar y extráñala cuando no esté. Ama con todo tu*
*ser cuando recibas su amor. Porque no existen las chicas perfectas, pero*
*siempre habrá una chica que es perfecta para ti.*

Bob Marley

# Deudas del karma

El karma es una ley cósmica que busca el equilibrio entre todas nuestras acciones en las vidas pasadas. No se trata de un castigo, como muchos piensan, sino de un aprendizaje. Es decir, para llegar a un estado de iluminación y perfección debemos vivir sucesivas experiencias que nos lleven a comprender los errores que cometimos y a enmendarlos. No se llega a la iluminación por acumulación de sufrimiento, sino por el aprendizaje y el entendimiento. Mucha gente que aparece en nuestra vida o determinadas situaciones que se nos presentan, por desagradables que sean, tienen un propósito: aprender.

Aprender a perdonar, amar, ayudar son consecuencias lógicas de esta educación trascendental y los pasaportes para una vida plena y perfecta.

Existen terapias para ayudar a solucionar estas deudas del karma como, por ejemplo, las regresiones a vidas pasadas, la limpieza de los chakras, la lectura de los registros akáshicos, etcétera, en las que una persona formada en estas especialidades puede observar las vidas pasadas y explicarte qué es lo que debes sanar o rectificar.

# ¿Me dices que no puedes parar de gastar y endeudarte?

*Lo que dices es verdadero, pero la locura me lleva a seguir lo peor.*

Fedra

Es difícil contenerse frente a un escaparate lleno de productos que nos gustan y no entrar a comprar. Es toda una tentación. Es difícil controlar «ese impulso» de adquirir tanta cosa expuesta; sin embargo, cuando ello nos lleva a acumular de modo descontrolado y a endeudarnos, se vuelve imprescindible poner un freno. ¿qué hacer ante este problema?

1. Primero aprender a llevar un pequeño cuaderno o una agenda donde anotar nuestros ingresos y gastos, para no excedernos con las compras.

2. Asignar mensualmente una suma fija y controlada para gastos de este tipo. Resistir la tentación cuando se está frente a carteles del tipo: liquidación, 2x1, ofertas, gran ahorro, etcétera, ya que son grandes incentivadores de compras y generalmente uno termina comprando cosas que, por comprar desesperadamente, ni nos sirven y tal vez ni nos gusten.

3. Tener siempre presente nuestro presupuesto mensual bien equilibrado para no cometer disparates. Cuando te encuentras frente a la posibilidad de un gasto importante, pregúntate si «realmente necesitas ese producto».

4. Recuerda todas las horas que debes trabajar para realizar el gasto que estás a punto de hacer. Muchas veces no tomamos en cuenta todo el tiempo de descanso que resignamos para adquirir prendas, tecnología, etcétera.

5. Cuando sientas una tentación muy grande, tómate un momento, camina un poco, quizá te des tiempo para reflexionar e incluso pierdas el interés en lo que viste.

6. Evita salir de comprar con gente que es tan o más impulsiva que tú.

# ¿Dónde está Dios?

En el Talmud se halla esta historia:

El emperador Adriano se encuentra un día con el rabino Joshua y mantiene con él la siguiente conversación:

–Usted, rabino, afirma que siempre habla con Dios, pero ¿dónde está ese dios? Muéstramelo.

–No es posible –responde el rabino–.

El emperador, furioso, le replica:

–Pero ¿cómo voy a creer en Dios si no lo puedo ver?

El rabino le dice:

–Mire fijamente el Sol.

–No puedo –responde rápidamente–.

Ante esta respuesta el rabino contesta:

–Si no puede siquiera mirar el Sol que es una obra de Dios, ¿cómo espera ver al propio Dios?

# No seas tacaño

Si alguien cree que la persona tacaña se dedica a juntar dinero y lo pasa muy bien, está equivocado. Ser tacaño tiene un costo, pues se pierde la capacidad de disfrute de muchas cosas y por otro lado, en el afán de acumular, hace que se prive de algunas necesidades.

El avaro sufre estrés y ansiedad y es capaz de padecer incomodidades antes de gastar dinero para brindarse confort.

De hecho, algunos prestan más atención a la acumulación que a los lazos afectivos, por lo cual cualquier tipo de vínculos con ellos resulta bastante difícil.

Juntar, acumular dinero cuando se tiene un proyecto o una meta es fundamental, pues para concretar algunos planes es necesario ahorrar, pero cuando la meta es la acumulación por la acumulación misma, estamos ante un problema. Si tenemos, por llamarlos de alguna manera, debilidades o vicios o actitudes que hacen imposible gozar del confort, de las comodidades, de viajes, de pasear con amigos, de hacer presentes a la familia y de pequeños objetos que nos gustan, entonces, ¿cuál es la gracias de vivir?. Ninguna. El valor de la vida radica en dar, ayudar, estar rodeado de afectos y disfrutar lo más que se pueda de lo que nos rodea.

# Una vieja historia sobre el dinero

Un hombre que tenía mucho dinero estaba desconcertado porque no había manera de que fuera feliz pero a su vecino, que era pobre, se lo veía siempre alegre y rodeado de gente que lo amaba.

Le hacía mil cosas para ensombrecer su felicidad, pero jamás tenía éxito, hasta que tuvo una idea.

Al día siguiente, se acercó a su vecino y le dijo que como lo consideraba tan buena persona, le regalaría una suma importante.

Este hombre le agradeció muchísimo y recibió con agrado el regalo de persona «tan generosa». Por supuesto, no conocía el verdadero motivo de tan generosa dádiva.

Cuando tuvo la cuantiosa suma en sus manos, comenzó por buscar dónde guardarla para que nadie se la quitara, estuvo todo el día mirando lugares en su casa y todos le parecían inseguros. Vinieron amigos a visitarlos y los echó, pues temía que lo robaran. A la noche, enterró el botín en su jardín y por miedo a que se lo hurtaran no durmió, sino que se quedó custodiándolo. Los días pasaron y el hombre cada vez estaba más solo, apesadumbrado y obsesionado.

El vecino «dadivoso» había logrado su objetivo... aquel hombre ya no era feliz, vivía por y para el dinero.

# Entre el miedo y el coraje

A la gran mayoría, le gustaría hacer todos los días apuestas seguras y ganar, pero lamentablemente, tal cosa no es posible, pues la existencia tiene infinidad de gamas, obstáculos, suertes, felicidades, fatalidades, etcétera.

Si tienes que tomar una decisión y eso te genera angustia y miedo, deberás sobreponerte a ello y hacer una elección, pues el hecho de no decidir, de no encarar un problema o quedarse como extáticos por susto, sólo lleva a que esa angustia persista y, además, carcoma nuestros nervios.

Es bueno meditar y tomar el camino más estudiado, porque pegar un salto en el vacío no es gracioso, de hecho es suicida, pero sí es inteligente y sano optar por algo, decidir, aunque después nos equivoquemos, porque de ello aprenderemos y creceremos.

Para colmo de males, como decía Tito Livio «el miedo está siempre dispuesto a ver las cosas peores de lo que son», con lo cual a un pequeño percance el miedo lo magnifica como un posible desastre, haciendo que la ansiedad y el temor se multipliquen.

Es hora de que juntes coraje y tomes la decisión… sea cual fuere, pero no te quedes petrificado esperando que el problema se pase o que otro lo resuelva por ti.

Recuerda el cuento de la peste que fue a visitar un pueblo… los habitantes se murieron más por miedo que por la peste.

# La cuestión de los sacrificios

*U*na cosa es poner ganas y la mejor voluntad para lograr un objetivo y otra muy diferente es «sacrificarse», pues esa palabra nos remite a perder descanso y salud en el acto mismo.

Cuando mucha gente dice: «logré esto con mucho sacrificio», está dando a entender montones de penurias, faltas de descanso, privaciones para alcanzar lo que deseaban. Lo recomendable es que cada uno haga lo que le parezca, pero que ponga en la balanza su salud y su objetivo… a veces no vale la pena.

Cuando se desea alcanzar una meta, es posible llegar a lo propuesto manteniendo el equilibrio y evitando la desmesura, pero de qué sirve comprarse aquel auto que añoramos si el coste es una gastritis o la toma de pastillas para mitigar el insomnio terrible que nos aqueja.

# Qué podemos decir del perdón

No todos tienen la capacidad de perdonar. Lo más seguro es que no olvidamos el daño que nos han hecho. Sin embargo, hay maneras de sobrellevarlo sin perder la paz. Nos parece que la empatía puede ser una manera de aflojar el resentimiento, otra es el cambio de foco, y también es importante evitar de algún modo el contacto con aquella persona que fue destructiva en nuestra vida… Se trata de encontrar medidas terapéuticas para vivir con tranquilidad.

La mente aprende de errores y vivencias de todo tipo, así funciona. Entonces, no querrá olvidar todas aquellas cosas que nos produjeron dolor… sencillamente para no repetirlo; de modo que la única manera de no recordar sería reseteándonos. Como eso no existe, lo mejor que podemos hacer es convivir con ello, tratando de extraer una enseñanza, aunque la moraleja sea que no te encuentres nunca más con esa persona.

A veces, si la afrenta es pequeña, se pierde en el olvido, pero cuando algo dañó profundamente, el dolor no se pasa así sin más. El tiempo, realizar nuevas actividades, encontrarse con gente buena y comprensiva ayudan en este mal trance.

*Querer revancha por algo que hizo otra persona es arruinar tu propia felicidad. Porque no quieres ser como tus enemigos. Es mejor perdonar y reducir el sufrimiento. Claro que perdonar no quiere decir «no importa». Significa decir «paremos con el odio». Porque el odio es una enfermedad de la mente.*

Matthieu Ricard

# Te deseo

Te deseo primero que ames,
y que amando, también seas amado.
Y que, de no ser así, seas breve en olvidar
y que después de olvidar, no guardes rencores.
Deseo, pues, que no sea así, pero que sí es,
sepas ser sin desesperar.
Te deseo también que tengas amigos,
y que, incluso malos e inconsecuentes
sean valientes y fieles, y que por lo menos
haya uno en quien confiar sin dudar.
Y porque la vida es así,
te deseo también que tengas enemigos.
Ni muchos ni pocos, en la medida exacta,
para que, algunas veces, te cuestiones
tus propias certezas. Y que entre ellos,
haya por lo menos uno que sea justo,
para que no te sientas demasiado seguro.
Te deseo además que seas útil,
mas no insustituible.
Y que en los momentos malos,
cuando no quede más nada,
esa utilidad sea suficiente
para mantenerte en pie.
Igualmente, te deseo que seas tolerante,
no con los que se equivocan poco,
porque eso es fácil, sino con los que
se equivocan mucho e irremediablemente,
y que haciendo buen uso de esa tolerancia,
sirvas de ejemplo a otros.
Te deseo que siendo joven no
madures demasiado de prisa,
y que ya maduro, no insistas en rejuvenecer,
y que siendo viejo no te dediques al desespero.
Porque cada edad tiene su placer
y su dolor y es necesario dejar
que fluyan entre nosotros.

Te deseo de paso que seas triste.
No todo el año, sino apenas un día.
Pero que en ese día descubras
que la risa diaria es buena, que la risa
habitual es sosa y la risa constante es malsana.
Te deseo que descubras,
con urgencia máxima, por encima
y a pesar de todo, que existen
y que te rodean seres oprimidos,
tratados con injusticia, y personas infelices.
Te deseo que acaricies un perro,
alimentes a un pájaro y oigas a un jilguero
erguir triunfante su canto matinal,
porque de esta manera,
sentirás bien por nada.
Deseo también que plantes una semilla,
por más minúscula que sea, y la
acompañes en su crecimiento,
para que descubras de cuántas vidas
está hecho un árbol.
Te deseo, además, que tengas dinero,
porque es necesario ser práctico,
y que por lo menos una vez
por año pongas algo de ese dinero
frente a ti y digas: «Esto es mío»,
sólo para que quede claro
quién es el dueño de quién.
Te deseo también que ninguno
de tus afectos muera, pero que si
muere alguno, puedas llorar
sin lamentarte y sufrir sin sentirte culpable.
Te deseo por fin que, siendo hombre,
tengas una buena mujer, y que siendo
mujer, tengas un buen hombre,
mañana y al día siguiente, y que cuando
estén exhaustos y sonrientes,
hablen sobre amor para recomenzar.
Si todas estas cosas llegaran a pasar,
no tengo más nada que desearte.

Victor Hugo

# *No interrumpas… el respeto por el otro es importante*

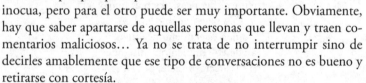

Parte de tener una buena vida social está relacionada con el saber escuchar, es decir, darle tiempo a la persona que tienes frente a ti para explicar o contar lo que desea y prestarle la atención adecuada. Cuando se trata de alguien importante en tu vida, sobre todo, es vital que escuches para que, si te pide una opinión, se la puedas dar de manera acertada y coherente. De este modo, se crea un vínculo emocional más estrecho, más íntimo y cordial.

Justamente, saber escuchar también tiene que ver con saber callar cuando es necesario, sin interrumpir la narración de quien tienes en frente, porque quizá para ti sea una charla inocua, pero para el otro puede ser muy importante. Obviamente, hay que saber apartarse de aquellas personas que llevan y traen comentarios maliciosos… Ya no se trata de no interrumpir sino de decirles amablemente que ese tipo de conversaciones no es bueno y retirarse con cortesía.

Escuchar con atención es una muestra de respeto e interés: si una persona expone un punto de vista diferente al tuyo, espera igualmente que finalice y luego expones tu punto de vista. Asimismo, es necesario adoptar una postura que indique que lo que nos cuenta el otro es importante, ya que si alguien te habla y tú estás escribiendo mensajes en en tu móvil o miras hacia otro lado, de manera indirecta le estás diciendo que no te importa.

Ten presente que si tienes la costumbre de mostrarte descortés e irrespetuoso, de interrumpir, de exteriorizar reacciones desmesuradas, de ignorar al otro, traicionas su confianza en ti. Así que aprende a escuchar y respetar, verás que tu vida social mejora notablemente.

# El sufí Bayazid dice, acerca de sí mismo

De joven, yo era un revolucionario y mi oración consistía en decir a Dios: «Señor, dame fuerzas para cambiar el mundo». A medida que fui haciéndome adulto y caí en la cuenta de que me había pasado media vida sin haber logrado cambiar a una sola alma, transformé mi oración y comencé a decir: «Señor, dame la gracia de transformar a cuantos entran en contacto conmigo. Aunque sólo sea mi familia y mis amigos. Con eso me doy por satisfecho». Ahora soy un viejo y tengo los días contados, he empezado a comprender lo estúpido que yo he sido.

Mi única oración es la siguiente: «Señor, dame la gracia de cambiarme a mí mismo.» Si yo hubiera orado de este modo desde el principio, no habría malgastado mi vida.

# *Acerca de la administración de tus tiempos para el ocio*

*H*ay diferentes puntos de vista en cuanto al ocio. En reiteradas ocasiones hemos escuchado que «el ocio es la madre de todos los vicios». Robert Burton, en alguna oportunidad, pronunció que el ocio es un terreno fértil para que brote la melancolía. Séneca llegó a afirmar que era mejor actuar que no hacer nada, puesto que el ocio lleva a un punto en el que entramos en un cortocircuito de pensamientos inútiles y parasitarios que, a la corta o la larga, nos arrastra a estados de ánimo desagradables e incluso a la depresión. Por otro lado, podemos mencionar a Paul Lafargue, que elogiaba la pereza, y a Bertrand Russell que en un contexto social, político y laboral habló de la importancia del tiempo libre para todo ser humano.

Como todo en la vida, cada cuestión debe encontrar su justo equilibrio, ni mucho trabajo ni mucho descanso. Debes darte un tiempo para trabajar, para pasear, dormir, pensar en proyectos, amar.

La calidad de vida siempre se encuentra como haciendo acrobacias en una cuerda, si no cuidas que esté todo bien compensado, caes y te lastimas. Hazte un tiempo para cada cosa. Y aprende a preservar esos momentos de descanso y esparcimiento, pues son fundamentales para el desarrollo sano de tu vida.

# Los dos lobos

Un anciano le dice a su nieto que ha ido a verlo muy enojado porque un amigo fue injusto con él:

—Deja que te cuente una historia. Yo también, a veces, siento ira contra los que se portan mal y no sienten el menor remordimiento. Pero la ira agota y no hiere a tu enemigo. Es como tragar veneno para matar a tu enemigo. Yo combatí reiteradas veces ese sentimiento.

Y continúa:

—Es como si tuviera dos lobos en mi interior. El primero es bueno y no hace ningún daño. Vive en armonía con todo lo que lo rodea y no se ofende cuando no tiene motivos para ofenderse. Pelea cuando es justo que lo haga, y lo hace de forma justa. El otro lobo, en cambio, está lleno de cólera. La cosa más insignificante le provoca enojo. No es capaz de razonar porque su ira es inmensa. Está desesperadamente rabioso. A veces es difícil vivir con estos dos lobos en mi interior, porque los dos quieren dominar mi espíritu.

Al escuchar estas palabras, su nieto pregunta:

—¿Y cuál de los dos lobos te domina?

El abuelo responde:

—El que yo alimento.

# Administración doméstica para principiantes

Vivir al límite con el dinero no es cómodo y, por cierto, mortifica bastante. Tener un presupuesto mensual con una asignación para cada gasto es más que importante para estar, por lo menos, medianamente tranquilo en el día a día. No implica tener un cronograma duro e intransigente de lo que se debe gastar por minuto, sino saber cuáles son los límites financieros a los que debemos ajustarnos para no hundirnos en créditos y deudas. Anímate a armar un pequeño cuaderno donde calcular lo que debes ahorrar para alimento, vacaciones, planes de salud, salidas, ropa, etcétera.

Ten presente, cuando recibes el dinero por tu trabajo, de apartar, antes que nada, lo necesario para la renta, los impuestos varios, los alimentos y el plan de salud.

Cuando salgas a comprar víveres, aprende a diferenciar lo que realmente necesitas de lo accesorio, porque puede ser fundamental para llegar a fin de mes de manera holgada.

Conocer el valor de los productos para comprar en el lugar que ofrece los costes más bajos y la mejor calidad será también algo para tener en cuenta.

Tener estas cuestiones bajo control te brindará tranquilidad y hasta te será posible juntar un dinero para algún proyecto que tengas en mente.

# ¿Padeces ansiedad? Averígualo ya. No pierdas tiempo.

odos hemos experimentado ansiedad ante determinadas circunstancias. No obstante, hay personas preocupadas de manera continua y excesiva hasta por nimiedades. La ansiedad crónica no es algo que se deba tomar a la ligera pues con el tiempo puede generar secuelas psíquicas y físicas importantes.

A continuación tienes algunas preguntas que permiten confirmar si eres o no ansioso según tus respuestas.

¿Sueles preocuparte demasiado y por largo tiempo por cuestiones que no merecen tanta atención?

¿Experimentas continuamente alarmas que te dejan exhausto e irritable?

¿Tienes dificultades para controlar tus preocupaciones?

Las situaciones complejas que debes afrontar, ¿te producen malestar físico?

No tienes paciencia, de hecho, ¿todo lo quieres ya?

La preocupación y el temor a no poder resolver un problema, ¿producen acciones desmesuradas que no llevan a una buena solución?

La preocupación, ¿te impone un descanso de baja calidad o te da insomnio?

Si a muchas de estas preguntas respondiste afirmativamente, sería interesante comenzar algún tipo de psicoterapia o, por lo menos, aprender a controlar un poco estas sensaciones angustiosas, pues la mala noticia es que si no se maneja la ansiedad y ella te domina a ti, las probabilidades de tener una buena calidad de vida son escasas.

Relájate, no les des tanta importancia a cuestiones que no la tienen y aprende a vivir sin tanta carga sobre los hombros.

# ¿Tú crees que no eres exitoso? Piénsalo bien y verás tu respuesta

La definición de lo que es el éxito es tan escurridiza como la de la felicidad, pues cada uno tiene una idea diferente de lo que son. El éxito se mide por el grado de alegría, paz y amor conseguidos, no por el dinero o un puesto jerárquico en una empresa; si bien ambos son factores que inciden en una vida exitosa, los marcadores más destacables del buen éxito son el amor, la generosidad, la dedicación que ponemos en cada detalle, la concreción de las metas que nos pusimos, los pasos que dimos a pesar de las dificultades que tuvimos en el camino, el haber ayudado a alguien, el prestar atención a la necesidad de una persona, siquiera oyéndola y visitándola de vez en cuando.

Es tan estéril medir el éxito por la cantidad de billetes en el bolsillo, propiedades adquiridas, autos en el garaje de casa si lo comparamos con la cantidad de abrazos dados y recibidos, con el amor de los que nos rodean, ese pequeño plan que teníamos y que con esfuerzo concretamos, ese problema de salud que padecíamos y que con gran emoción hoy podemos afirmar que lo vencimos.

Eso es el éxito, esa es la verdadera vara para medir los triunfos y las conquistas.

# Aumenta tu energía chi

Se trata de una antigua técnica taoísta que consiste en realizar diferentes tipos de respiraciones, meditaciones, visualizaciones, ejercicios físicos, para fortalecer la energía vital –chi– que poseemos. Como en toda práctica, se necesita contar con un pequeño espacio tranquilo, privado, dedicar tiempo y ser constantes. Al incrementar la energía chi, mejora nuestra salud y disminuye el nivel de estrés y agotamiento. Se duerme mejor y cambia el humor. Esta energía vital circula por todo el cuerpo pasando por puntos bien definidos que según la medicina china se llaman meridianos y forman una suerte de red. Los principales meridianos se hallan íntimamente relacionados con un órgano o una función específica. Si la energía circula bien por estos meridianos, nos sentimos bien y saludables, pero si se encuentra obstruida, se producen desequilibrios en nuestra salud psicológica, física y emocional. De allí la importancia de realizar ejercicios específicos para recuperar el correcto flujo de la energía y asistir a una terapeuta que nos ayude con este paso tan esencial.

Pueden ayudar mucho en este proceso de sanación: el shiatsu (se hace presión con los dedos sobre puntos específicos de los meridianos por los que circula la energía), el tai chi chuan (arte marcial que busca restablecer el equilibrio), el qi gong (manejo de la energía por medio de la respiración).

# Un color para cada día de tu vida

En lo que refiere a las terapias alternativas, hoy en día se le otorga mucha importancia a la influencia de los colores en nuestra salud y nuestros estados de ánimo. Obviamente, esto no es reciente, pues se trata de un arte milenario que se ha empleado desde la Antigüedad. La técnica consiste básicamente en aplicar diferentes tonalidades (colores) para ejercer una influencia positiva en la salud y los estados emocionales.

El amarillo es un color poderoso y se encuentra vinculado con la libertad, el poder y la mente. El blanco y el violeta son colores muy espirituales que sirven para conectarse con la divinidad. Al azul se lo vincula con el crecimiento personal y la expresión. El índigo se halla muy relacionado con nuestra parte intuitiva. Verde sirve para mejorar la salud, la compasión y el amor. Si lo que necesitamos es mejorar nuestro lado emocional o sexual, nada mejor que el naranja que también es muy utilizado para despertad la creatividad. Finalmente, para aquellos que se sienten inseguros y con temor, el rojo ayuda a reforzar la sensación de seguridad y la supervivencia.

# La acupuntura puede restablecer el equilibrio perdido

Hay veces en que nuestro cuerpo ya no da más. Los dolores y el cansancio no nos permiten seguir movilizándonos. No dormimos bien, no descansamos bien y nuestra salud se desmorona. Si bien es necesario consultar con un médico y realizar exámenes, antes de tomar medicamentos es interesante (con el visto bueno del doctor) intentar terapias que no empleen sustancias químicas.

En la actualidad, las opciones no se agotan fácilmente: gimnasia de todo tipo, cromoterapia, cronoterapia, vinoterapia, ayurveda, yoga, medicina ortomolecular, artes marciales y acupuntura, por supuesto.

La acupuntura es un pilar de la medicina tradicional china que consiste en la inserción de unas pequeñas y finas agujas (hasta diez) en los puntos acupunturales. Estos puntos se hallan exactamente identificados y estudiados desde la Antigüedad y al ser tratados con las agujas se logra recuperar lentamente la salud. Por increíble que parezca, estos puntos, al ser estimulados, ayudan a calmar la ansiedad, bajar el nivel de estrés, equilibrar la energía interna, aliviar los dolores articulares, reducir los problemas de tabaquismo, eliminar sustancias patógenas, fortalecer nuestro sistema inmunológico, entre otros. De este modo, si se trata de restablecer la salud, prueba con todos los recursos que tengas a tu alcance ya que sólo estando saludable puedes concretar todos tus proyectos y desarrollar una vida plena y feliz.

# ¿Cuál es la piedra adecuada para ti?

Todo lo que provienen de la naturaleza posee su propia energía, por lo tanto, las piedras también. Cada gema causa determinados efectos así como, en definitiva, cada persona puede reaccionar de forma diferente. Es sabido que cada uno, a nivel energético, tiene determinados trastornos psíquicos, emocionales y físicos, situaciones «kármicas», etcétera. Por lo que una piedra determinada puede operar maravillas en una persona y no en otra.

Entonces... veamos algunos parámetros generales. Las piedras esféricas como la obsidiana son buenas para masajear zonas afectadas y eliminar mala energía, y sobre todo la prehnita, que posee un importante poder de sanación. Las piedras con forma casi ovalada son excelentes para trabajos en zonas puntuales del cuerpo, a la manera de la acupuntura. Así vemos que en el momento de seleccionar una piedra, no sólo importa el tipo sino también el formato.

Veamos algunos casos y las características de las piedras.

- **Ágatas:** se las emplea para solucionar problemas digestivos. También contribuyen a recuperar el equilibrio físico emocional.
- **Ágata amarilla:** relaja el sistema nervioso.
- **Ágata azul:** brinda serenidad.
- **Ágata marrón:** da energía emocional y cósmica.
- **Turquesa:** otorga sensación de bienestar al actuar sobre el sistema respiratorio. También genera alegría.
- **Lapislázuli:** mejora la intuición, desbloquea emociones. Es una piedra de sabiduría.
- **Amatista:** se aplica a problemas de la piel, migrañas y estrés.
- **Turmalina:** relaja el sistema nervioso y promueve el equilibrio emocional.

# Sigue los consejos de Mikao Usui

Reiki es uno de los métodos que se conocen para el manejo y la armonización de la energía vital universal. Esta técnica se realiza con las manos como herramienta para la conducción del qi, o chi. Este método de sanación ha ayudado a infinidad de personas a recuperar su salud, la paz y la armonía, tanto en el plano mental como físico, espiritual y emocional. Para ti también podría ser una gran herramienta de curación.

Sin embargo, en *Memorial a las virtudes de Usui Sensei*, se explica que el principal objetivo del Reiki no es sanar las enfermedades físicas. Su propósito último está en cultivar el corazón para mantener el cuerpo sano a través del poder misterioso del Universo, Rei No, que se nos otorga para disfrutar de los buenos actos de la vida. Mikao Usui les enseñó estos principios a sus alumnos:

Sólo por hoy
No te irrites
No te preocupes
Sé agradecido
Trabaja con diligencia
Sé amable con los demás
Recítalo mentalmente o en voz alta con las manos en Gassho.
Por la mañana y por la noche.
Mejora de cuerpo y mente.

# Medita para tener una vida más serena

*Practiquen la meditación. Es algo fundamental. Una vez que se la disfruta, ya no se la puede abandonar, y los beneficios son inmediatos.*

Dalai Lama

Meditar nos lleva a un estado de relax y calma. Nos permite vaciar la mente de manera momentánea o, por lo menos, detener los pensamientos que nos hacen daño. Para su práctica, sobre todo para los principiantes, es necesario tener paciencia y dedicarle unos minutos diarios. Hay que dejar el teléfono de lado, olvidarse de todo lo que nos conecte con las obligaciones cotidianas (hogareñas, de estudio y laborales) y focalizarse en la meditación misma, sin interrupciones. Si es posible, es importante hallar un espacio que nos brinde paz. Es preferible poner una música suave de fondo. La posición para comenzar a meditar es la que le sea más agradable a cada persona, para que el cuerpo no se sienta incómodo o dolorido. Siempre se recomienda realizarla sentados con la espalda erguida (apoyada en una pared o un respaldo, si es necesario), pero no todos se sienten bien en esta posición. Entonces, una vez situados en la postura elegida, será necesario concentrarse en la respiración… en la inhalación y exhalación. Deberán ser lentas y profundas, pero con cierta cautela, pues corremos el riesgo de hiperventilarnos. La lentitud y la profundidad se irán mejorando con cada práctica hasta adquirir un buen manejo de la técnica. A medida que pasen los días, el hecho de meditar (aquietar la mente) y respirar conscientemente llevará a una notable mejoría en nuestro carácter, pues estaremos más tranquilos, menos exigidos y con menor tensión nerviosa.

# Las cuatro leyes espirituales

1. «La persona que llega es la persona correcta.» Todos los que surgen en nuestra vida tienen algo que enseñarnos o aprender de nosotros. Ninguna aparición es casual. Todo tiene un propósito.

2. «Lo que sucede es la única cosa que podía haber sucedido.» Nada de lo que sucede en nuestras vidas podría haber sido de otra manera. Ni siquiera el detalle más insignificante. No existe el «si hubiera hecho tal cosa hubiera sucedido tal otra». No. Lo que pasó fue lo único que pudo haber pasado, y tuvo que ser así para que aprendamos esa lección y sigamos adelante. Todas y cada una de las situaciones que nos suceden en nuestras vidas son perfectas, aunque nuestra mente y nuestro ego se resistan y no quieran aceptarlo.

3. «En cualquier momento en que comience es el momento correcto.» Todo comienza en el momento indicado, ni antes, ni después. Cuando estemos preparados para que algo nuevo empiece en nuestras vidas, es cuando comenzará.

4. «Cuando algo termina, termina.» Simplemente así. Si algo terminó en nuestras vidas, es para nuestra evolución, por lo tanto es mejor dejarlo, seguir adelante y avanzar, ya enriquecidos con esa experiencia.

Sai Baba

# Cuida tu aura

El aura, expresándolo de manera sencilla, es una energía que rodea y protege como un envoltorio a cada ser vivo. Posee múltiples capas (algunos afirman que son siete, otros doce) que no se ven a simple vista. Todos nuestros estados emocionales, pensamientos y vivencias se hallan reflejados en el aura. Pero el aura no es sólo energía sino vibración. Nuestra aura no es inalterable, cambia de acuerdo con experiencias y emociones… Depende también de nuestra evolución como personas. Obviamente existen técnicas para sanar el aura: mejorando nuestra calidad humana, con visualizaciones y «limpiezas». Es primordial reconocer que el aura se expresa con colores: ellos reflejan las cualidades de las personas, su estado emocional, espiritual y físico.

Así es el aura (en este orden): el *cuerpo etéreo* (el más cercano a nuestro cuerpo físico) refleja nuestra salud física. El *cuerpo emocional* expresa el estado anímico. Cada emoción produce un color distinto: los colores más brillantes sugieren bellas emociones pero los opacos indican sentimientos agresivos o poco nobles. El *cuerpo mental* expone nuestras intenciones y nuestros pensamientos conscientes. El *cuerpo astral* es atado al cuerpo físico por un cordón de plata (léase Lobsang Rampa) y manifiesta cuestiones relacionadas con nuestra espiritualidad. El *cuerpo espiritual* refleja nuestro estado de comunicación con nosotros mismos y con quienes nos rodean, además de exponer nuestros propósitos superiores. El *cuerpo celestial* es donde se conecta nuestra consciencia con lo espiritual. El *cuerpo divino* es donde se produce el enlace entre la sabiduría divina y el plano superior.

Hay muchas técnicas para limpiar el aura: entre las más tradicionales se encuentran el uso de cristales, el reiki, el yoga, la acupuntura, la meditación, las visualizaciones, etcétera.

# *Intenta sanarte con el poder de las pirámides*

*D*efinitivamente, el tratamiento con la fuerza de las pirámides no es una terapia convencional, sin embargo, muchos afirman que el poder que encuentran en ellas los renueva física y mentalmente. La pirámide funciona como un gran receptor de energía. Atrapa en su interior la energía de la Tierra y el cielo y se produce en él un campo energético muy importante.

Hay quienes afirman que para sentir su influencia es necesario tener pirámides en el trabajo y en el hogar, y una de sus caras debe apuntar siempre al norte. También en fundamental escoger el material de esta, pues cada una tiene un significado particular. Por ejemplo, las de cristal de cuarzo se emplean mucho para sanaciones, las de cobre capturan las malas energías y las transforman en buenas, las de madera ayudan a meditar mejor. Existe mucha bibliografía sobre el tema, puedes consultar sobre los colores, las formas, los materiales que mejor se adecuen a tus necesidades. Incluso hay gente que tiene pequeñas pirámides hechas con varillas metálicas especiales para descansar o revitalizarse dentro de ellas.

## *Pirámides y colores*

**Pirámides blancas**: esenciales para la armonía y el bienestar en general. También se emplean para calmar estrés y nervios.

**Pirámides amarillas:** muy buenas para la salud y brindar valor ante decisiones importantes.

**Pirámides celestes:** brindan serenidad.

**Pirámides rojas:** grandes aliadas para obtener éxito al emprender una tarea, conseguir deseos y aumentar la energía sexual y la energía amorosa. Muchos emplean su energía para defenderse de la mala energía.

**Pirámides rosas:** excelentes para calmar y suavizar situaciones, sobre todo sentimentales.

**Pirámides naranjas:** para conseguir fortaleza, autorrealización y trabajo.

**Pirámides verdes:** se emplean, entre otras cosas, para la salud y el amor.

**Pirámides violetas:** altamente recomendadas para hallar paz espiritual y meditar más profundamente. El violeta es un color que se emplea para cambiar, para transmutar y, por ende, es muy bueno para renovar la energía.

**Pirámides azules:** sirven para protegernos, aplacar negatividades, alejar enemigos.

**Pirámides marrones:** asociadas con la fertilidad y la abundancia.

## *Llena tu hogar de energía con el poder de la pirámide*

- Ubica la pirámide en un punto específico dentro de tu hogar y no la muevas más de allí.
- Fíjate de qué material la construirás o la comprarás, pues cada uno, como los colores, tiene un significado particular. Por ejemplo: a cada signo del zodíaco le corresponde una gema particular y si tu pirámide es de esa roca, te protegerá.
- Uno de sus lados debe apuntar al norte.
- No la ubiques cerca de objetos metálicos o campos eléctricos producidos por televisores, radios, equipos, frigoríficos, etc. De acuerdo con lo que desees para tu hogar, deberás conseguir pirámides de diferentes tamaños y colores. Consigue bibliografía para informarte bien.

- El lugar donde se encuentre la pirámide debe ser además un lugar tranquilo y si es posible un poco apartado pues será un sitio ideal para descansar, relajarte, meditar, leer, serenarte cuando regreses del trabajo.
- Si la pirámide está construida sólo con varillas, puedes poner en ellas algunas plantas para comprobar el poder benéfico de estas.
- También puedes energizar dentro de ella el agua que tomas.

# Detente y observa todo lo bueno que te ha pasado y has logrado

Tal vez, en muchas de estas páginas se haga referencia al hecho de apreciar lo que eres y tus logros, y hay que repetirlo hasta el cansancio… es vital tomar conciencia de ello. Tenemos la costumbre de detenernos a pensar en lo que nos falta, en lo que desearíamos tener, en lo que no concretamos, pero no festejamos todo lo que hicimos, tenemos y somos. Es vital llevar a la consciencia y enaltecer nuestras cualidades, el amor filial, la salud, la compañía, el trabajo, el estudio, esa plantita que crece en nuestro jardín, ese perrito que está a nuestro lado, el mantel que compramos para esa mesa y que la hace más bonita y que, por cierto, nos da felicidad. Porque la felicidad pasa por tomar en cuenta estos pequeños grandes detalles. Si crees que tener en tu habitación un jarrón con flores, por ejemplo, te puede hacer bien, no tengas dudas en adquirirlo y tenerlo cerca, pues cuando despiertes en la mañana y lo primero que veas sea eso, te dibujará una sonrisa en el rostro. Cada sonrisa, cada sensación de bienestar te aporta salud y alegría. Todo aquello que puede parecer minúsculo e insignificante puede ser un gran transformador de nuestra vida. No menosprecies nada… ponlo todo en la lista de cosas que te revitalizan y hacen que vivir valga mucho la pena.

# Si quieres sentirte en relax total apúntate a sesiones de moxibustión

*L*a moxibustión consiste en la aplicación de calor para equilibrar la energía de nuestro cuerpo. Para ello se la combina, por supuesto, con la acupuntura. De este modo, también se alcanza bienestar físico, mental y emocional. La forma más conocida de aplicar moxibustión es colocando las agujas de acupuntura en el cuerpo del paciente y en su extremo libre colocar una moxa encendida. Ese calor generado por la moxa pasa a través de la aguja y se transmite al punto específico establecido. Es importante entender que estas agujas con su respectivo calor no se colocan desordenadamente, pues en la medicina oriental se sabe que nuestro cuerpo está conformado por una red de meridianos que unen y relacionan diferentes sistemas del organismo entre sí y que en ella se encuentran los puntos acupunturales: estos tienen una acción reguladora sobre los meridianos y, por lo tanto, sobre nuestros órganos y estados de ánimo. Por todo ello es fundamental para controlar la circulación correcta de nuestra energía, para equilibrarnos, para fortalecer el sistema inmunológico y armonizarnos en todos los planos.

# Enriquece tu vida sexual

*En todo encuentro erótico hay un personaje invisible y siempre activo:
la imaginación.*

Octavio Paz

Es muy frecuente que con tantas obligaciones, tantos proyectos y velocidades, dediquemos más tiempo al trabajo, al estudio, a los niños, que a tener una vida sexual interesante. Muchas veces se convierte en un acto rutinario o sencillamente se relega a un lugar olvidado.

Sin embargo, la medicina actual hace hincapié en la importancia de tener una rica vida sexual pues, más allá de los beneficios físicos que aporta, es muy buena para nuestra salud mental.

Tener unas magníficas relaciones sexuales vigoriza, alegra, genera un sinnúmero de reacciones químicas en nuestro cuerpo, que son altamente saludables.

Aprende a separar un tiempo para tu vida sexual, aprende a incentivar a tu pareja, no tengas pruritos, habla con él o ella y explícale qué te gustaría hacer o que te hagan, déjate de vergüenzas y piensa que en este juego todo vale si hay consentimiento por parte de ambas personas. Puedes comprar libros o películas con contenidos eróticos, ropa interior provocativa, hacer masajes, utilizar  cremas y perfumes afrodisíacos, haz todo lo que sea necesario para que ese momento íntimo se convierta en una verdadera fuente de placer.

# *Acéptalo: él / ella no te ama*

*E*s triste no ser querido, no buscado o rechazado, pero lamentablemente sucede. Unos se enamoran y otros se desenamoran. Unos aman apasionadamente y otros quieren tibiamente. Cuando ambos aceptan un distanciamiento o una ruptura, y de buena manera, es un verdadero placer, pero cuando sólo uno quiere cortar la relación y el otro se encuentra enganchado o enamorado, es el principio de un infierno. Uno busca, el otro escapa, uno reclama, el otro hace silencio. Es mortificante. Arjona decía en una de sus canciones «¿cómo deshacerme de ti si no te tengo?, ¿cómo apartarte de mí si estás tan lejos?». Estamos ante la presencia omnipresente de una ausencia que se siente y duele.

Sin embargo, en algún momento (cuanto más rápido mejor) es necesario recoger los pedazos y marcharse, no insistir más, pues no hay nada que valga la pena si para que esté contigo tengas que suplicar. Aléjate, recoge tu dolor y decepción y llévalos a otra parte, pero no los muestres más ante el otro que ya no quiere saber nada contigo. Cuando esa persona que buscas sólo demuestra indiferencia, no hay más que hacer... de ahí en adelante te esperan más heridas y cicatrices para ti. Ya que tienes el «corazón» herido, por lo menos, mantén un poco de autoestima y dignidad intactas, pues ellas te ayudarán para la vida que te aguarda e incluso, quizá, para encarar una nueva vida amorosa.

# Motivaciones que te dan ganas de vivir

*S*i todos los días haces lo mismo, el resultado será siempre el mismo. Por lo cual, si hoy te encuentras desmotivado y no tienes ganas de hacer nada y no haces nada diferente, mañana te sentirás igual. Por miedo a lo nuevo, nos estancamos en una zona de supuesto confort que sería el equivalente de «más vale conocido que bueno por conocer». Entonces, aunque estemos tristes y abatidos, sin objetivos, por lo menos nos hallamos en una especie de sopor que nos aleja del temor. Sin embargo, llevar una existencia de esa forma hará que la sensación de hastío sea cada vez peor y, lamentablemente, en algún punto también se transformará en ese temor del que tanto se quiere evadir.

Porque lo cierto es que, nos guste o no, por momentos la vida nos pone en encrucijadas, coloca retos en el camino y claramente hay que realizar cosas nuevas para resolverlos. Y son estos desafíos los que producen cambios en nuestro vivir cotidiano… así que, quiérase o no, las transformaciones suceden y es mejor buscarlas y apuntarlas hacia donde nos interesa.

De modo que lo importante es probar de todo. Cada cosa cuenta: realizar un curso de manicura, una carrera de ingeniería, salir a probar suerte en parapente, seminarios de origami, buscar nuevas amistades, conquistar metas por minúsculas que sean. Algunas seguramente entusiasmarán, otras provocarán estupor, pero ninguna te permitirá continuar con todas tus viejas rutinas. Algo cambiará. Tenlo por seguro.

# ¿Quieres dejar a tu pareja y no te animas?

Algunos por temor a lo nuevo, otros por lástima, otros por comodidad, incluso muchas mujeres en pleno siglo XXI han sido hasta la fecha amas de casa y madres y jamás han trabajado fuera de casa, por lo que enfrentar el nuevo mercado laboral sin un currículum se les hace imposible.

Entonces, sea por el motivo que fuere, son millones las personas que siguen en pareja a pesar de que ya no se aman.

Lo cierto es que si es más grande el temor a las consecuencias que el disgusto a vivir juntos, la situación seguirá hasta el final. La cuestión aquí es que se tiene una visión recortada de lo que son la vida y el mundo, porque cuando se rompe un vínculo se abre un abanico de posibilidades: nuevos amores, hábitos diferentes, aparecen trabajos que jamás hubiéramos pensado… pero mientras se siga en la burbuja, jamás se verá todo lo que hay fuera de ella.

Mónica, una mujer de 45 años, había dedicado la mayor parte de su vida a cuidar a sus hijos y a su marido. Toda su cotidianeidad transcurría entre las paredes de su casa, los colegios de los chicos, los mercados donde realizaba las compras. Desde hacía tiempo había dejado de amar a su esposo, pero temía separarse porque no sabía cómo podría sostener a sus hijos y a ella misma. Sin embargo, un día, se le ocurrió aprovechar todo ese tiempo que pasaba en su casa para hacer pasteles y venderlos… nada complicado. Poco a poco fue produciendo y vendiendo. Al ver que lentamente su «negocio» crecía, cobró confianza en sí misma y se decidió a dar el salto: solicitó su divorcio. Hoy en día se la ve feliz con sus hijos y su pequeña empresa. Tiene una nueva pareja y también muchos más proyectos en mente.

# ¿Eres es un guerrero de la luz?

*Los Guerreros de Luz guardan la chispa en sus ojos.*

*Todo Guerrero de la Luz ha sentido miedo de ir a la batalla.*

*Todo Guerrero de la Luz ha, en algún momento del pasado, mentido o traicionado a alguien.*

*Todo Guerrero de la Luz ha recorrido un camino que no era suyo.*

*Todo Guerrero de la Luz ha sufrido por las más triviales razones.*

*Todo Guerrero de la Luz ha, al menos una vez, creído que no era un Guerrero de la Luz.*

*Todo Guerrero de la Luz ha fallado en sus deberes espirituales.*

*Todo Guerrero de la Luz ha dicho «sí» cuando quería decir «no».*

*Todo Guerrero de la Luz ha hecho daño a alguien a quien amaba.*

*Por eso es un Guerrero de la Luz, porque ha pasado por todo esto y sin embargo nunca ha perdido la esperanza de ser mejor de lo que es.*

*Manual del Guerrero de la Luz*, de Paulo Coelho

# Compaginar vida laboral y embarazo

Cada embarazo produce diferentes sintomatologías en las mujeres: algunas se sienten cansadas y tristes, otras hermosas y llenas de vitalidad. Sin embargo, hay algo en lo que muchas coinciden: trabajar y llevar adelante un embarazo es agotador.

Veamos pues algunas alternativas para «descomprimir» la situación:

1. Haz una lista de las revisiones médicas que debes hacerte, precauciones que debes tomar durante esta etapa y compromisos laborales que tienes. Confecciona una lista detallada para organizar todo desde el primer mes hasta meses después del parto. Obviamente, a medida que pase el tiempo irás quitando o agregando puntos, pero tendrás un panorama general de la situación que te ayudará a organizarte mejor.

2. Deberás, durante este lapso, aprender a organizar tus prioridades, pues si antes era importante llegar a tiempo a una reunión aunque tuvieras que correr dos kilómetros para llegar puntual, ahora la prioridad es tu embarazo. De modo que debes reorganizar la escala de importancia.

3. Como en este periodo uno va un poco más lento, por cuidarse una y cuidar el feto, si te es posible contrata ayuda que te resuelva los trabajos más pesados y engorrosos. Quédate con las manos y el tiempo libre para lo más importante en tu embarazo y vida profesional.

4. Trata de cumplir con todo pero sin sobreexigirte, pues no es recomendable en esta etapa sufrir un pico de estrés.

5. Si en el ámbito laboral no respetan tu estado y te exigen resultados indiscriminadamente, deberás tomar una decisión: o tu vida y la de tu hija o ese trabajo. Porque así están las cosas… no es un juego… estamos hablando de poner en riesgo la vida.

# ¿Siempre dejas todo a medias?

Empiezas muchas cosas y la mayoría quedan inconclusas. Bolsas llenas de lanas, mangas y cuellos tejidos pero nunca un jersey terminado, paredes con un par de pinceladas pero jamás finalizadas, ese techo al que debías ponerle treinta tejas, un día colocaste diez y nunca seguiste con la tarea. Aquel curso que iniciaste te quedó por la mitad.

¿Cuántas cosas así tenemos en nuestro haber? ¿Muchas, no? Les dedicamos tiempo y esfuerzo a cientos de tarea que jamás acabamos. Posiblemente te preguntes por qué sucede.

A veces puede deberse a que uno pierde el ímpetu inicial, la fantasía que nos impulsaba a realizar esa acción, otras veces se debe al temor ante la posibilidad del fracaso. De este modo evitas el supuesto bochorno de equivocarte o fracasar, pero de lo que no te das cuenta es que también te niegas la posibilidad del éxito.

Terminar lo que uno empieza, por engorroso y pesado que sea, da fuerza, gratificación, autoconfianza y más motivación para encarar nuevos proyectos, aunque estos presenten más desafíos.

Cuando se está en la carrera hay que seguir corriendo, y aunque aparezcan obstáculos y estemos más lentos y cansados, llegar a la meta te hará rejuvenecer e incrementará exponencialmente tu amor propio.

# Rompe un ciclo negativo

*Q*ué feo resulta sentir que estamos dentro de un ciclo de negatividad: todo sale mal. La cuestión es que esa mala suerte, normalmente, comienza con nuestros pensamientos, con la percepción que tenemos de la realidad que nos rodea. Como dice Sharon Koenig: «Un solo pensamiento puede llevarte a las puertas del cielo, creando un mundo de belleza y felicidad, de la misma manera que un pensamiento negativo, obsesivo y repetitivo puede llevarte a los abismos del infierno, creando una vida de amargura».

De tal forma, no es cuestión de echarle la culpa a la mala suerte de las cosas que nos pasan, sino asumir que estamos creando nuestra realidad continuamente y con ella la buena y mala racha. Entonces, si lo que se desea es terminar con ese supuesto ciclo nefasto, es vital actuar de modo diferente y analizar la realidad que nos circunda de otra manera… Es decir, con una óptica distinta. Es como entender algo cuando se lee un libro por primera vez y entender otra cosa cuando se lo lee por segunda vez.

De esto se trata, de llegar a otro nivel de lectura y comprensión de los acontecimientos y, por lo tanto, actuar de manera más adecuada.

«Qué mala suerte tengo, siempre llego tarde al trabajo», dicen muchos. Pero no es mala suerte, es no levantarse temprano con el tiempo adecuado para llegar puntualmente. Comentarios como este hay a montones.

Deja entonces de poner tu vida en manos de las rachas y sé proactivo. Fabrica tu buena suerte. De eso se trata.

# Elige prendas adecuadas para ti

Qué conflicto es a veces vestirse para salir o ir a trabajar… Nuestros estados de ánimo no ayudan a seleccionar una indumentaria con la que nos sintamos cómodos y, entonces, arrancar bien el día se transforma en una pesadilla. Generalmente este problema se presenta en las mujeres, pero los hombres no se hallan exentos. Y gran parte del problema consiste en que no estamos conformes con nuestro cuerpo y eso lo trasladamos a la vestimenta. De este modo, cuando estamos frente a las prendas, tardamos siglos en seleccionar algo, pues no encontramos aquellas que nos muestren como deseamos ser. Es decir, no queremos vestir ese cuerpo que no amamos, sino cubrirlo de tal modo que nos haga ver ante el mundo como lo que desearíamos ser. Ese es el error más grande que podemos cometer. Es imprescindible aceptarse con lo bueno y lo malo y aprender a resaltar, ya sea con maquillaje o ropa, nuestros puntos fuertes y atenuar los débiles, pero siempre aceptándonos cómo somos. Analiza seriamente tu guardarropa y transforma esa fuente de sufrimiento en tu mejor aliado para poder seleccionar de manera rápida y conveniente lo que más te sirva. Elige los talles correctos para tus prendas, ni más pequeñas ni más grandes. Los colores son fundamentales para estilizar la figura. Dependiendo de tu altura, selecciona los zapatos que mejoren tu figura y, finalmente, adopta accesorios que se adecuen con tu estilo particular.

# Deja de descalificar a quienes te rodean

¿Cuántas veces hemos sido víctimas de descalificaciones o hemos descalificado a otro? En ocasiones se ha producido de manera inconsciente y en otras, conscientemente. Lo cierto es que agredir al otro no es una buena manera de relacionarse, sino el camino directo a las peleas y, finalmente, a la soledad.

Por lo general, quienes descalifican también lo hacen con ellos mismos, no poseen capacidad para reconocer lo positivo y sólo se focalizan en los aspectos negativos, por lo cual, siempre tienen preparado un arsenal de reproches, ironías, frases hirientes destinadas a marcar las carencias o imperfecciones ajenas, sólo por mencionar algunos recursos.

Si tú perteneces al grupo de los descalificadores, en primer lugar aprende a valorar lo bueno que hay en ti, pues evidentemente no lo estás viendo, y si no tienes presentes tus propias características positivas difícilmente las veas en los demás. Por otro lado, será importante aprender a respetar a quienes te rodean, pues una actitud errónea como esta sólo hace que las personas no deseen estar contigo y se aparten. Modificar esta forma de operar es vital en todos los ámbitos: familiar, laboral, académico, en relaciones de amistad. Cuando uno establece un contacto con otro de manera gentil y sin animosidad, se obtiene una buena cooperación, camaradería y se producen buenos sentimientos. Recuerda tomar consciencia de tus habilidades, reconoce las de los demás, aprende a no criticar o descalificar, sino a estimular positivamente y ello mejorará notablemente la calidad de tus relaciones.

# La más potente fuente de energía

La fe es la fuente de insospechada energía.
El miedo te frena y te hunde.
No te dejes condicionar por él.
Enfréntate al miedo con fe firme
para que lo aniquiles.
Mas, la fe no es solo tu protectora
en los problemas materiales y temporales,
sino tu vínculo espiritual con Dios;
Por ella aceptas, incondicionalmente,
su Divina Revelación,
y respondes con fidelidad en todo
a la voluntad sabia y santa de Dios.
La fe cristiana no es una fuerza mágica,
sino la seguridad de que Dios te ama
y atiende tu clamor en las necesidades.

*33 maravillosas motivaciones*, de Tiberio López Fernández

# ¿Te quedaste sin trabajo?

La pérdida de trabajo afecta muchas áreas: emocional, física, económica por mencionar sólo algunas. Muchos quedan devastados, psicológicamente hablando, ante un panorama sin ingresos y sin actividad laboral. Es que como seres sociales que somos se nos enseña que el trabajo, más allá de aportar dinero, nos relaciona con otros y nos dignifica. Una de las grandes consecuencias de su falta es que la persona que pierde su trabajo pasa a sentirse indigna porque ya no es proveedora y no puede mantener bien su hogar. En tal situación, será fundamental consolidar una actitud proactiva para hacer frente a este nuevo desafío. Se debe, más que nunca, apelar a toda la fuerza de voluntad para no quedarse en casa lamentándose o deprimiéndose y armar toda una estrategia diaria de búsqueda laboral. Lleva tiempo y dedicación, y en ella las palabras negativas y el desaliento deben mantenerse bajo control. Será por tanto indispensable producir una estrategia que contemple:

1. La creación de un currículum completo que resalte nuestras experiencias, actitudes y cualidades.
2. Una lista con mails de empresas en las que solicitan gente con nuestras cualidades.
3. Una lista con mails de empresas en las que nos gustaría trabajar (aunque no soliciten personal).
4. Una lista con direcciones para asistir personalmente con el currículum.
5. Cuidar mucho la presencia, pues el aspecto es fundamental para estos casos.

Lo importante es no dejarse abatir y tener la mente abierta para otras propuestas laborales, pues muchas veces, por encasillarnos en una búsqueda determinada perdemos otras posibilidades, que de hecho, pueden generar un nuevo modo de ganarnos la vida.

# No desesperes: la fibromialgia se puede controlar

*D*espués de muchas idas y venidas, Ana, finalmente, había sido diagnosticada. En su última visita al doctor y después de varios estudios, le habían dicho: «Usted tiene fibromialgia». Al principio, se desesperó pues pensaba que sería un padecimiento crónico y que jamás se sentiría bien. Sin embargo, con tratamiento médico, yoga y terapias alternativas, mejoró notablemente en el transcurso del tiempo. Sólo fue cuestión de no desistir y utilizar todas las herramientas que estaban a su alcance para que esta enfermedad no la venciera.

Durante mucho tiempo la fibromialgia fue estigmatizada; se la consideraba no una enfermedad sino una somatización compleja, pero somatización al fin, por lo cual, si alguien la tenía sólo debía aspirar a sentirse bien de vez en cuando (con mucha suerte).

Por suerte, en los últimos años la Organización Mundial de la Salud confirmó y afirmó que se trata de una enfermedad y como tal debe ser tratada, con las mismas consideraciones. La fibromialgia, ante todo, presenta dolor músculo-esquelético e hipersensibilidad, pero también cansancio excesivo, rigidez corporal, insomnio, y todo ello sin poder demostrar el origen físico. Actualmente se cree que el origen puede ser neurológico, por lo que se está investigando cada vez más la enfermedad, brindándole a la gente ciertas alternativas para mejorar su situación: yoga, ciertos medicamentos alopáticos, homeopatía, meditación profunda y atención y contención psicológica han dado muy buenos resultados para la gente que se encuentra atravesando este proceso. Siempre retornamos al mismo punto: no bajar los brazos y usar todas las técnicas y terapias que se ofrecen en la actualidad. La mejor cura para un mal es fuerza de voluntad y actitud positiva y proactiva.

# Aprende a concentrarte

–*A*unque lo intente, estudio y no me queda nada.

–Trato de mantener la atención en lo que leo pero mi mente enseguida va por otros rumbos.

–Nunca me acuerdo de dónde dejo las cosas.

Comentarios como estos se escuchan a diario y por miles. La gente está convencida de que mantener la atención sobre un tema o concentrarse es un acto fácil y completamente natural, pero no es cierto. Lo que sí es cierto es que cuando estamos sobrecargados de información, sobreexigidos con tareas, estresados o deprimidos, lograr que nuestra mente no se disperse resulta complejo. Ante tal apabullamiento de actividades y datos, muchos van haciendo un zapping mental y resolviendo cosas a los manotazos, pues imponerse un sistema les resulta difícil. Focalizar la conciencia implica un esfuerzo, una educación de nuestra mente… No se trata de algo espontáneo, pues si nunca nos propusimos mantener la atención durante un lapso sobre un tema, será muy raro que lo logremos cuando estemos en estado de alarma o sobresaturación de actividades.

Las opciones pues son estas: o seguimos operando como hasta ahora en estado semianárquico y resolviendo todo de la manera más eficaz que esté a nuestro alcance, o aprendemos a manejar y educar, aunque sea un poco, nuestra mente. Es difícil dar este paso, mas no imposible. Se debe practicar concentración sobre alguna cuestión particular, aumentando de a poco los tiempos de focalización. Es como ir al gimnasio: se ponen días, tiempos y diferentes ejercicios y con los días el cuerpo mejora lentamente… con la mente sucede lo mismo.

# Ten un día extraordinario

A muchos puede parecerles un lugar común, dentro del género de autoayuda, las recomendaciones de ser positivos y agradecidos. Sin embargo, es fundamental en este tipo de literatura insistir con el tema y ahondar en él hasta agotarlo, pues el hecho de tener la capacidad de observar conscientemente cada detalle y agradecer por todo lo que vivimos, hace que sea una experiencia primordial para el ser humano.

Acariciar los árboles cuando vamos caminando, regar nuestras plantas, mirar el cielo, sentir el viento en el rostro, sentir placer cuando la lluvia nos moja y agradecer a la Naturaleza o a Dios, como gustes llamar a esta Fuerza Superior, implican una cualidad y una actitud que te hacen feliz y ennoblecen.

Es tan necesario como respirar, darse tiempo para prestar atención a las cosas más pequeñas y a los detalles más insignificantes, pues ellos componen la existencia y tratarlos con reverencia y amor brinda mucha paz interior. Hasta una roca, observada con cariño y respeto, desprende una energía que nos conmueve y nos hace personas más íntegras.

# No te conformes con menos

*B*ajo esta importante sentencia se halla una máxima que jamás deberías olvidar: no abandones lo que deseas ni te conformes con menos de lo que pretendes. Y he aquí una aclaración que la acompaña: no sugiero ser codiciosos pues el deseo podría consistir en tener el jardín adornado como lo soñaste, conseguir ese empleo en el que podrías demostrar tus conocimientos, pintar toda tu casa con diferentes colores. En fin… no se habla de oro, dinero o poder (aunque podría ser para algunos la pretensión primordial), sino de cosas que anhelas para sentirte feliz.

Si no quieres tener relaciones casuales sino encontrar pareja, NO TE CONFORMES CON MENOS, lucha por lo que deseas… no importa si te dicen que eres pretencioso o soñador.

Si aspiras a tener una pequeña empresa y todo parece conspirar para que tu sueño no se haga realidad, NO TE CONFORMES CON MENOS, por miedo o temor, haz todo lo que esté a tu alcance para llegar a esa meta.

No te dejes avasallar por comentarios burlones acerca de tus objetivos o esperanzas, pues existe mucha gente que al no ser capaz de animarse a luchar por sus ideales trata de minar los de los que sí los tienen.

Por grande, loco o poco probable que parezca, no te conformes con menos de lo que pretendes, pues sólo te dejará una sensación de vacío que con nada se llenará: los premios consuelo suelen dejar un sabor amargo en la boca.

# ¿Posees ojos de carencia o de abundancia?

Se trata de si vemos el vaso medio vacío o medio lleno, en última instancia, y eso está determinado por el hecho de ser pesimistas u optimistas. Obviamente, el ser de una manera u otra está relacionado con nuestra genética, con la educación que recibimos y con la gente con la que nos hemos rodeado, que moldeó nuestro carácter a través del tiempo y de nuestra historia. Sin embargo, en la vida todo es aprendizaje y, por lo tanto, es posible cambiar la óptica con la que observamos el mundo.

Es como cambiarse de gafas… se puede ver más lejos con algunas y con otras más cerca, y así es nuestro «modo de ser». No es algo cristalizado sino cambiante y moldeable. Por lo que, si bien no es fácil modificar nuestra personalidad, no es imposible y con trabajo y educación se puede lentamente cambiar la manera en que pensamos acerca de las cosas. Insisto… si reflexionas y te das tiempo para pensar bien sobre cada asunto, verás que es posible que pases de una postura dedecepción, limitaciones y miedo, a otra de alegría, aliento, fortaleza y amor. La clave está en no dejarnos llevar por los pensamientos irracionales que afloran en nosotros, en detenernos y evaluar todo para darnos la posibilidad de ver el lado gentil y bello de cada situación, persona y cosa.

# El amor: el sentimiento más grande

Decía la Madre Teresa de Calcuta: «Por donde quiera que vayas, difunde el amor: ante todo en tu propia casa. Brinda amor a tus hijos, a tu mujer o tu marido, al vecino de al lado... No dejes que nadie llegue jamás a ti sin que al irse se sienta mejor y más feliz. Sé la expresión viviente de la bondad de Dios; bondad en tu rostro, bondad en tus ojos, bondad en tu sonrisa, bondad en tu cálido saludo». El amor es el sentimiento más noble, gentil y desinteresado que existe entre la amplia gamas de sentimientos que poseemos, porque nos da fuerza para afrontar cualquier desafío, gentileza para tratar a todos de manera educada, valentía para defender y defendernos, pasión por todo lo que hacemos... así de completo es el amor y jamás, por trillada que esté la palabra o sus múltiples significados, tenemos que reírnos de él o negarnos a él. El amor completa y engrandece.

# La canción del corazón

Había una vez un hombre que se casó con la mujer de sus sueños. Con su amor, ambos crearon una niñita, una pequeña radiante y alegre, a quien el gran hombre amaba mucho.

Cuando ella era muy pequeña, él solía levantarla, entonaba una melodía y bailaba con ella por la habitación, diciéndole:

—Te amo, mi niña.

La niñita fue creciendo, y el hombre la abrazaba y le decía:

—Te amo, mi niña.

Ella se enfurruñaba y decía:

—Ya no soy una niña.

Entonces el hombre se reía, diciendo:

—Para mí, tú siempre serás mi niña.

La niña, que ya no era una niña, se fue de casa para descubrir el ancho mundo (…).

Llegó un día en que (…) recibió una llamada telefónica. El gran hombre estaba enfermo. Le dijeron que había tenido un ataque y estaba afásico. Ya no podía hablar y no estaban seguros de que entendiera lo que se le decía. (…) Entonces regresó al lado del gran hombre. Cuando entró en la habitación y lo vio, le pareció pequeño y nada fuerte. Él la miró e intentó hablar, pero no pudo. (…) Con la cabeza apoyada en el pecho del enfermo, ella pensó en muchas cosas. Se acordó de los momentos maravillosos que habían pasado juntos y de cómo siempre se había sentido protegida y amada por el gran hombre. (…)

Y entonces oyó, en el pecho de él, el latido del corazón. (…). Y mientras ella descansaba, se produjo un momento mágico. Ella oyó lo que necesitaba oír.

El corazón iba latiendo las palabras que la boca ya no podía pronunciar...

Te amo,
mi niña.
Te amo,
mi niña.
Te amo,
mi niña...
Y se sintió consolada.

*Sopa de pollo para el alma,* de Patty Hansen

# Antes de condenar a una persona fíjate como tú actúas

Amalia ya estaba desesperada. Vivía en un lugar céntrico y con mucho tránsito, y cada vez que quería sacar su automóvil del garaje, se encontraba con un vehículo estacionado justo en su puerta y esto le impedía la salida. Rara vez se encontraba con la salida desocupada. Hacía denuncias, incluso iba a buscar en los negocios aledaños al responsable de esa imprudencia. Vivía enojada y vociferando que la gente era indecente, maleducada, irresponsable y sumamente irrespetuosa. Un día como tantos otros, mientras caminaba con sus perros, un vecino la detiene y, con tono de mucho enojo, le reprocha el hecho de que sus mascotas periódicamente dejaban sus deposiciones en la puerta de su casa. Amalia, lo mira como si estuviera loco y le dice: «Pero no es nada… sólo dos perritos pequeños y ensucian casi nada». A lo que el vecino le responde: «Para usted no es nada, pero yo vivo aquí y con el correr del tiempo se junta un olor desagradable. Es usted una persona irrespetuosa y deberían multarla por la manera en que se maneja con la gente que vive a su alrededor». En ese momento, al escuchar esas palabras, como si le hubieran tirado encima agua helada, se percató de que ella tenía la misma actitud irrespetuosa que las personas contra las que protestaba a diario.

Si bien su situación no cambió con respecto al estacionamiento, Amalia ahora lo toma de otra manera, sin enojarse tanto, de manera más sana y cordial, pues comprendió que la gente a veces no hace las cosas por maldad o falta de respeto, sino porque no tiene idea de la trascendencia que sus acciones pueden tener sobre otras personas.

# Administrar mejor el tiempo

Ante tantas obligaciones y compromisos, parece que necesitamos un día de setenta horas en vez de veinticuatro. Al llegar la noche, en lugar de relajarnos, terminamos hechos un manojo de nervios y nos resulta casi imposible aflojar. Esto hace que, a pesar de dormir una buena cantidad de horas, en vez de sentir una sensación de descanso y alivio al despertar, la percepción es de más cansancio y de necesidad de seguir durmiendo.

Lo ideal sería armar una lista de tareas pendientes, por hora, día y mes. Obviamente, se la puede modificar a medida que aparecen nuevas actividades o se concretan las que teníamos que cumplir. De este modo, podemos visualizar bien las prioridades diarias y el tiempo que nos daremos para dedicar a la familia, los amigos y el descanso. De ninguna manera se trata de organizar, por ejemplo: de quince a dieciséis encontrarme con mi amiga, muy por el contrario. Se trata de armar un calendario para manejar diligencias diarias, con un uso consciente del tiempo y, de este modo, poder tener nuestros espacios para el ocio y el esparcimiento, que son tan fundamentales para la buena salud. Cuando no estamos bien organizados tendemos a dedicarnos más al trabajo y a otras obligaciones que a la diversión y las pausas, lo que inevitablemente termina desencadenando en cada uno malestar físico y psíquico.

Así que ocupémonos de organizar bien el día y de darles un lugar muy pero muy especial a esas situaciones que nos brindan salud y alegría.

# Quiénes pueden sanar verdaderamente

Toda enfermedad es la manifestación de un malestar interno (psíquico y emocional). Si esas causas no se resuelven, el mal seguirá.

Cuando nos invaden los conflictos, el cuerpo se manifiesta de mil maneras. Denuncia todo el tiempo que algo estamos haciendo o viviendo mal. Cuando urge una sanación, es vital ir a la fuente, es decir, apuntar a la recuperación del equilibrio emocional y mental. Si no resolvemos o, por lo menos, trabajamos sobre los problemas, cualquier medicamento que tomemos sólo hará callar momentáneamente las protestas corporales, pero el daño seguirá su proceso y el deterioro irá avanzando.

De tal modo, cuando nuestro físico no para de quejarse es fundamental comenzar con terapias psicológicas (hay numerosas opciones) y terapias alternativas. Toda herramienta empleada con el fin de mejorar será excelente para solucionar el momento que se está atravesando. Lo que no sólo no detendrá la enfermedad sino que la alimentará, será la inercia, la costumbre, el miedo al cambio, la queja sin una acción que la respalde, la dejadez.

Si tu salud está desmejorando, no te acostumbres a sentirte mal, no está bien sentirse agotado, triste y doliente. Hay que hacer todo lo posible para recuperar la integridad física y el bienestar.

# Vive como si fueras un turista permanente

Nos levantamos, cumplimos con ciertas rutinas y salimos a hacer compras o trabajar. Pasamos por lugares donde hay unas flores increíbles y no las vemos, caminamos por sitios con árboles grandes y centenarios y no nos damos cuenta, vamos de *shopping* frente a unas casas maravillosas y ni las registramos. NO PERCIBIMOS NADA A NUESTRO ALREDEDOR. Y sin embargo, durante todo el año, nos rompemos el alma para ir de vacaciones y ver casas hermosas y paisajes increíbles con flores y árboles. TODA UNA LOCURA.

Qué tal si, en vez de planificar y agotarte tanto para invertir en unas vacaciones, disfrutas de todas las cosas que te rodean, empezando por tu propio jardín (si lo tienes), los parques vecinos, los puntos turísticos de tu ciudad, el camino hacia el trabajo que seguramente debe tener algunos encantos.

No hay que desperdiciar lo que tenemos cerca y vivir deseando aquello que está lejos, antes bien, es importante valorar esos paisajes cotidianos que forman parte de nuestra existencia y que la cargan de sentido, sin que nos demos cuenta.

Absorbe las imágenes y fragancias que te circundan, saboréalas, descubre detalles de tu lugar. Presta mucha atención a tu alrededor, pues podrías hallar verdaderos tesoros que te darán alegría a diario.

# Una conversación para hacer las paces

El orgullo es un enemigo formidable. Por él se han distanciado familiares, peleado amigos, perdido parejas. Y sin embargo, con un buen diálogo, sin soberbia, sin falsos orgullos se pueden solucionar tantas cosas...

Ya que no es tan fácil hallar amistades, ni todos tienen familia, ¿por qué algunos, sin embargo, prefieren sostener una posición inamovible y orgullosa antes de deponer las armas y acercarse para encontrar una solución? La respuesta se encuentra en el gran gigante: el ego. Muchos egos son avasalladores, intransigentes y exigentes. Nunca ceden. Se rodean de grandilocuencia, altivez, arrogancia, «egoismo», «egocentrismo», individualismo y petulancia. No dan brazo a torcer a pesar de las serias consecuencias que pueden desencadenar sus acciones. Esos egos no registran, o no les interesa registrar, que por su incapacidad para la empatía, el cariño, el perdón y la humildad pierden en el camino grandes e importantes relaciones.

¿Qué tal si sometiéramos nuestro ego, lo controláramos siquiera un poco y nos abriéramos a la generosidad y el amor? ¿Qué tal si abandonáramos el orgullo y estuviéramos dispuestos al diálogo para acercarnos a los demás?

Ocurriría un milagro... la gente se nos acercaría amorosamente, gustaría de nuestra compañía, estaría dispuesta también a ceder y conversar sobre los problemas. Es necesario dar el primer paso para que se produzca toda esta cadena de actos positivos. No dejemos avanzar la arrogancia, mejor practiquemos el precioso acto de la conversación y acerquémonos sin malos sentimientos a los demás.

## *Amores del más allá*

*L*a abuela de Rosa, de noventa y dos años, desde adolescente había adquirido la costumbre de «conversar» con sus seres amados (fallecidos). Ella siempre dice que es posible hablar con ellos, que contestan y que te cuidan. «Ellos lo ven y lo saben todo», responde cada vez que se le pregunta por sus adorados fantasmas. Cada noche, antes de cerrar sus ojos, saluda a sus padres y hermanos que ya están en el más allá, les cuenta qué hizo en el día, les pide consejo y les manda bendiciones. Al terminar, se siente reconfortada y entra en profundo sueño.

Hablar con parientes y amigos fallecidos es un acto de amor puro. Es decirles todos los días: «Te quiero, te extraño mucho, quédate a mi lado». Y efectivamente, ellos están a nuestro lado, cuidándonos, haciéndonos compañía, susurrándonos al oído palabras de aliento y cariño.

Son ángeles guardianes que nos abrigan y abrazan en las soledades de la noche y en la sensación de desamparo. Por nuestra parte, cuando les hablamos, les recordamos cuánto los queremos y añoramos.

Es un vínculo muy lindo y mágico que proporciona una cálida sensación de contención.

Comunícate con ellos, permítete escucharlos. No los apartes de tu vida. Siente su amorosa presencia a tu lado.

# Postura de yoga para descansar mejor: balasana

*B*úscate un sitio donde realmente sientas comodidad. Si puedes, pon música suave y agradable, luz tenue y esencias que te den sensación de relajación. A algunos les gusta la lavanda, a otros el eucalipto… es una elección muy personal.

La pose más recomendable para descansar es la balasana, o postura del niño, pues ayuda a aliviar la tensión corporal y brinda paz mental.

¿Cómo se practica?

Ponte de rodillas, con tu espalda bien derecha, sobre una superficie que hayas elegido (piso, colchoneta, manta). Lentamente, repliégate ti mismo, llevando la frente hacia abajo hasta tocar el suelo, doblando el tronco. Luego, deberás colocar tus brazos extendidos en los costados o hacia delante. Realiza algunas respiraciones largas y profundas. Permanece así algunos minutos, mientras escuchas la música y percibes los suaves aromas que dispusiste en la habitación. Nunca deberás forzar el cuerpo, por lo que deberás hacer este ejercicio siempre y cuando tu cuerpo te lo permita. Pasado un lapso de tiempo, deberás incorporarte muy lentamente.

La combinación de esta asana con meditación ayuda aún más a conciliar un sueño profundo y reparador.

# Aliméntate de manera equilibrada

En tiempos en que está tan de moda la comida rápida, que no es otra cosa que productos llenos de calorías y vacíos de alimentos para el cuerpo, es fundamental prestar atención a lo que ingerimos.

Todos comen mal, comen rápido, se llenan con hamburguesas, fritos, embutidos, gaseosas, *bigsize*, cargados de químicos y saturados de grasas, y no reparan en que por ello el colesterol llega a las nubes y aumentan los riesgos cardíacos. Los índices de obesidad cada día son más altos y los cuerpos se transforman en bombas de calorías ambulantes.

Lo mejor que podemos hacer por nosotros mismos es educarnos y adoptar la costumbre de alimentarnos en forma equilibrada, esto es, consumiendo carnes, pescados, pollo, pastas, verduras, frutas, cereales, algunos lácteos, en pequeñas porciones y variando. La clave es disponer de un plato entretenido y agradable a la vista, para tentarnos con él y no con cosas que no nos hacen bien. Con este buen hábito, estaremos en forma y muy saludables.

Otra buena sugerencia: desayunar como rey, almorzar como príncipe y cenar como mendigo.

# Selecciona bien a la gente que te rodea

No son pocos los que, por temor a la soledad, se reúnen, salen y comparten situaciones con gente que realmente no les hace bien. Existen personas envidiosas, codiciosas, dañinas, que por salud mental y espiritual es imprescindible apartar de nuestra vida, a costa de quedar con muy poca gente alrededor.

A la larga, tomar una decisión de este tipo resulta sumamente beneficioso.

Nuestra recomendación, y te pido por favor que la tomes muy en cuenta, es que, aunque sea complicado para ti no estar en compañía, tomes con firmeza la decisión de seleccionar bien tus amistades, pues tener a tu lado «amigos» a los que no les importa tu bien es desperdiciar tu vida, es compartir tus mejores momentos con personas a quienes no les importas.

Creemos firmemente que nunca es tarde para hallar personas afines, amistades nuevas, aquello sucede continuamente.

Anímate y busca estar con gente buena, amable, cariñosa… no demores ni un segundo esta tarea.

# Anda liviana por la vida

Vamos por la vida cargando bolsos, mudando un montón de cosas inútiles, llevando carteras con miles de cosas que nunca usamos. Arrastramos recuerdos, culpas y miedos y ya es hora de dejarlos de lado. Hace mucho tiempo atrás, se le adjudicaba a Borges el siguiente poema:

## Si volviera a nacer

*Si pudiera vivir nuevamente mi vida...*
*En la próxima cometería más errores.*
*No intentaría ser tan perfecto, me relajaría más.*
*Sería más tonto de lo que he sido,*
*de hecho tomaría muy pocas cosas con seriedad.*
*Sería menos higiénico.*
*Correría más riesgos, haría más viajes,*
*contemplaría más atardeceres,*
*subiría más montañas, nadaría por más ríos.*
*Iría a lugares a donde nunca he ido,*
*comería más helados y menos habas,*
*tendría más problemas reales y menos imaginarios.*
*Yo fui de esas personas que vivió sensata y prolíficamente cada minuto*
*de su vida;*
*claro que tuve alegrías.*
*Pero si pudiera volver atrás trataría*
*de tener solamente buenos momentos.*
*Por si no lo saben, de eso está hecha la vida,*
*solo de momentos;*
*¡No! no te pierdas el ahora.*
*Yo era uno de esos que nunca iban a ninguna parte*
*sin un termómetro, una bolsa de agua caliente,*

un paraguas y un paracaídas.
Si pudiera volver a vivir comenzaría a andar descalzo a principios de
la primavera y
seguiría así hasta concluir el otoño.
Daría más vueltas en calesita;
contemplaría más amaneceres
y jugaría con los niños,
si tuviera otra vida por delante...
Pero ya ven,
tengo 85 años y sé que me estoy muriendo...

# Practica el autocontrol, es fundamental para ordenarte

Es poco probable que una persona pueda estar bien si en su vida diaria e íntima no tiene un poco de orden mental y espacial. Para ello, tal como afirmaba Heráclito, «incumbe a todos los hombres conocerse a sí mismos y ejercer el autocontrol». Es decir, es fundamental comer, pero no atiborrarse hasta sentirse mal, tener instantes de ocio, pero no ser ocioso, dedicarse a actividades lúdicas sin caer en el vicio, vivir un poco en el desorden, pero no que la casa sea un caos completo.

Cuando estamos descontrolados, no se ve con claridad hacia dónde se quiere ir ni lo que se pretende de la vida porque todo se halla dado vueltas y desparramado. Entonces, aparecen enfermedades psíquicas y físicas, desaparecen las metas y todo se vuelve tan confuso que es difícil hallarse cómodo en cualquier lugar.

Tan solo se trata de «un poco de autocontrol». Es como cuando nos restregamos los ojos en la mañana para ver nítidamente lo que tenemos alrededor: si no nos «restregamos y refrescamos la visión y los pensamientos», seguramente el día se verá desdibujado y no encontraremos ánimos para realizar más cosas.

## Es importante hacer cosas pensando en los demás, no sólo en uno mismo

*Cuando llegó a oídos del Maestro la noticia de que un bosque cercano había sido devastado por el fuego, movilizó inmediatamente a sus discípulos:*

*—Debemos replantar los cedros —les dijo—.*

*—¿Los cedros? —exclamó incrédulo un discípulo—. ¡Pero si tardan dos mil años en crecer...!*

*—Entonces tenemos que comenzar de inmediato —dijo el Maestro—.¡No hay ni un minuto que perder!*

Anthony de Mello

# El condicionamiento negativo

—*S*eguro que en este examen me irá mal.

—No me dijeron nada aún, pero sé que el resultado de la ecografía no saldrá bien.

—No me tomarán en ese empleo, no soy lo suficientemente buena.

—Si juego todos los números en la lotería, saldrán letras.

—Nadie me quiere ni me querrá.

—No me da la cabeza, no soy inteligente.

—No soy brillante y no podré conseguir lo que quiero.

—¿Cómo no me di cuenta? Lo tendría que haber previsto. Soy un estúpido.

Estas y otras enunciaciones negativas más, la mayoría se las repite a diario, sin darse cuenta que consolidan y solidifican justamente lo que más temen. Si realmente deseas un cambio para mejor en tu vida, será imprescindible que comiences modificando tu vocabulario, lo que sentencias, pues, diciendo tales cosas sólo te condenas al fracaso.

Practica a partir de hoy afirmaciones altamente positivas, aunque al principio te parezcan fantasiosas o falsas, pero con el tiempo se te hará costumbre pensar bien de ti y, de hecho, te darás cuenta y aceptarás que la mayoría de estas cosas que afirmas son reales. CREE MÁS EN TI. APUESTA POR TI.

# *Es posible cambiar si verdaderamente lo deseas*

*H*oy en día, la comunidad científica está plenamente segura con respecto a dos conceptos nuevos: la neuroplasticidad[1] y la resiliencia[2], es decir, nuestra mente puede cambiar, podemos pensar y comportarnos de maneras diferentes a como actuábamos y reflexionábamos anteriormente. Si realmente se desea modificar el curso de la vida, entonces se puede. No obstante, es fundamental creer en esa posibilidad, estar convencidos que lo deseamos y luchar por ello.

C. G. Jung, en su famoso libro *El hombre y sus símbolos*, explicaba que se sentía asombrado ante la actitud de muchas personas que creían que no era posible cambiar: «Parecían vivir en un estado de inconsciencia más curioso, como si el estado al que habían llegado fuese definitivo, sin posibilidad de cambio o como si el mundo y la psique fueran estáticos y hubieran de permanecer así por siempre. Parecían vacías de toda imaginación (…). Las ocasiones y las posibilidades no existían en su mundo y en su «hoy» no había verdadero «mañana». El futuro era exactamente la repetición del pasado.

> *Dicen que en la bañera del rey Tching-Thang las palabras que esculpieron decían: «Renuévate por completo cada día, hazlo nuevamente y otra vez más y así por siempre».*
>
> *Walden*, de D. H. Thoreau

---

1. Capacidad que posee el cerebro para formar y reformar redes neuronales a partir de experiencias, es decir, la habilidad de moldearse con el aprendizaje.

2. Capacidad para sobreponerse al dolor emocional y a las situaciones adversas.

# ¿Sientes que eres invisible para la gente?

Es cierto que en muchas oportunidades nos sentimos como invisibles, como que la gente no nota nuestra presencia, como que se toman decisiones sin consultarnos, pero en realidad, somos nosotros quienes generamos esa suerte de invisibilidad. Entonces, ¿cómo solucionarlo? Ten presente esta palabra: asertividad. La asertividad es una estrategia de comunicación. Las personas asertivas poseen la capacidad de manifestar sus sentimientos y pensamientos, defienden sus derechos y no se dejan avasallar. No emplean la fuerza ni la actitud pasiva sino que, de manera segura y tranquila, declaran lo que desean sin vacilar, aunque les cause inquietud la determinación. Proclaman su presencia y enuncian exactamente pero con trato cordial lo que precisan. Cuando tú logres, mediante la práctica cotidiana, declarar firmemente lo que pretendes de ti y de los demás, verás que los que se hallan en tu entorno notarán que estás allí y respetarán tu lugar y opinión. Practica, no bajes los brazos, aprende a relacionarte mejor y a decir con exactitud lo que anhelas.

# Tienes derecho a decir NO

Estás en un momento de intimidad y de pronto pierdes esas ganas de seguir adelante. Tienes derecho a decir que NO quieres continuar.

Flirteas con un hombre y de pronto él trata de abordarte. Tienes derecho a decir que NO quieres nada con él y que sólo se trataba de un sencillo coqueteo.

Emprendes un negocio con amigos, pero de pronto tienes dudas y quieres abandonar el proyecto. Tienes derecho a decir que NO quieres seguir.

Tomaste una decisión y luego quieres retractarte. Tienes derecho a decir NO continuaré con esto.

No digas SÍ cuando desees decir NO. Defiende tu derecho a cambiar de parecer. Defiende tu derecho a ser diferente. Defiende tu derecho a equivocarte. Defiéndete y jamás permitas que alguien viole tu derecho a la libertad, a la salud, a la felicidad y a la integridad física y psicológica.

# Historia zen

*En ese día, el maestro estaba con talante comunicativo y, por eso, sus discípulos se animaron a preguntarle acerca de las fases por las que había pasado en su búsqueda de la Divinidad.*

*—Primero —les dijo—, Dios me condujo al País de la Acción, donde permanecí durante algunos años. Luego, Él volvió y me condujo al País de la Aflicción, y allí estuve hasta que mi corazón quedó purificado. Entonces y sólo entonces fue cuando viajé al País del Amor, cuyas ardientes llamas consumieron cuanto quedaba de mi egoísmo. Más tarde, accedí al País del Silencio, donde se develaron ante mí los misterios de la vida y de la muerte.*

*Los discípulos, asombrados e intrigados querían saber más, por lo cual dijeron:*

*—¿Y fue esa la fase final de su búsqueda?*

*—No—respondió el Maestro—. Un día Dios me dijo: «Hoy voy a llevarte al santuario más escondido del Templo, al corazón del propio Dios»… y fui conducido al País de la Risa.*

Taisen Deshimaru

# *No es bueno racionalizarlo todo. Hay que dejar lugar a lo espontáneo*

La existencia de cada ser humano es un camino lleno de sorpresas, algunas hermosas y otras no tanto, pero sí es un enigma. De hecho, la vida se ve y se vive con más alegría cuando se llega a asimilar y hasta sentir gusto por esa «cosa» que nos aguarda más adelante. Le da a lo cotidiano un gusto de aventura y desafío. Por eso se habla aquí de la importancia de la espontaneidad, pues, si bien se ha hablado en este libro sobre la relevancia de proyectar, planificar y reflexionar, también es necesario dejar un espacio para el asombro y «lo no calculado». Muchos ansiosos no se permiten que determinados sucesos escapen de sus manos, todo deben tenerlo previsto y controlado y si, por alguna casualidad, un hecho escapa a sus cálculos, lo que experimentan no es fascinación sino angustia en su estado más puro.

Gabriela conoció a su amor en ese café por el que nunca quería pasar porque no estaba en el camino más directo al trabajo. La venezolana Maitena hoy es gerente en un restaurante griego porque un día decidió sin miedo ni vacilaciones hacer un viaje con unos amigos. Joaquín, un ingeniero agrónomo, hoy es piloto de avión porque aceptó sin pensar demasiado tomar unas fotografías aéreas de un campo…

Estas cosas maravillosas suceden sólo cuando no queremos controlarlo todo.

# ¿Sufres el complejo de Penélope? Pues acaba con eso ya mismo

La psicóloga Bettina Calvi dice: «Lo propio de lo femenino es que nosotras hemos sido criadas con el mito del héroe romántico como ordenador de género, que sigue funcionando». Y es completamente cierto puesto que la mujer cree que ya superó todos los mitos y antiguos mandatos masculinos, pero, a pesar de todo, aún están vigentes, aunque de modo más solapado. Por tal motivo, muchas siguen idealizando a ese supuesto hombre que vendrá para completar su vida, y tienen que permanecer atentas para que no se les pase de largo esa suerte, ese llamado, ese golpe en la puerta que las hará florecer y resurgir a la vida.

Pues bien, es hora de deshacerse de esta dependencia y dejar de esperar a que venga esa persona tan importante y especial… si «ese ¿¿¿príncipe???» tiene interés en ti, no tengas dudas de que te buscará sea como sea y te hallará. No desperdicies tu vida aguardando, sal y haz tu trabajo, tus salidas, concreta encuentros y diviértete. No tiene sentido esa espera angustiosa y degradante. SAL YA MISMO A VIVIR Y A CONOCER GENTE NUEVA.

# Trabaja tu autoestima

Hagamos juntos esta serie de ejercicios:

1. Cuando te despiertes por la mañana, lo primero que deberás hacer es repetir, por lo menos 30 veces, soy un ser único y hermoso.
2. Luego, ponte frente al espejo y trata de mirarte sin reproches, sin negatividad. Aprecia el hecho tan fundamental de que ves, que puedes ir y venir por tus propios medios donde sea (y como sea), de que tus órganos funcionan bien, de que tu piel te protege y que tienes un cerebro maravilloso que te permite entender cuanto sucede a tu alrededor.
3. Realiza a diario un poco de ejercicio. Aunque sea en casa. Aunque sea unos minutos. Aunque sea una corta caminata.
4. Equilibra tu alimentación: si te gusta la comida basura, pues consúmela de vez en cuando, y dale más seguido a tu organismo, cereales, frutas, verduras y todo tipo de platos que aporten vitaminas a tu cuerpo.
5. Dedica tiempo a armar bien tu guardarropa, pues cuando uno se viste con lo primero que compra o lo primero que saca del armario, generalmente no siente comodidad y eso nos hace sentirnos feos.
6. Acicálate: elige el perfume adecuado para cada ocasión, ya que cada aroma evoca una imagen y una sensación particular. Saturar nuestro olfato con una fragancia que no es la adecuada para ese momento sólo te hará sentir mal.
7. Dedícale tiempo a la familia, a los amigos, al descanso y a la diversión.
8. Jamás dejes de hacer una obra de bien.
9. Ama y ríe, de la manera que te salga, pero no dejes de hacerlo nunca.

# *Supera el hábito de posponer*

*L*a procrastinación se refiere a la costumbre de postergar resoluciones o actividades que deben atenderse, sustituyéndolas por otras situaciones de menor importancia o menos conflictivas o laboriosas.

Ya sea por evitar esfuerzos, miedo al cambio o a las consecuencias de la decisión tomada, algunas personas postergan indefinidamente ciertas actividades o decisiones. Acto seguido, lo que sucede es que esa «cosa» que se debe realizar es reemplazada por otras de menor relevancia, como para compensar la verdadera cuestión que se evade. Cuántas veces te ha dado miedo asistir a una reunión donde no conoces a nadie y te llenas de actividades para ese día a manera a justificar la falta al compromiso. La conducta de procrastinación, que evade para no enfrentar o resolver, genera tensión y sensación hasta de exasperación, pues siempre se vive con la carga de que se debe hacer algo pero que se deja para otro día.

Concluyendo: ya no postergues lo impostergable… haz lo que tengas que hacer y quítatelo de encima como una prenda que ya no quieres ponerte más. Al principio requerirá esfuerzo, producirá temor e incomodidad, pero cuando actúes así verás que los resultados valen la pena. Resolver hace que vivamos más livianos y menos tensos.

# ¿Te aferras a tus malos hábitos?

—La gente no está dispuesta a renunciar a sus celos y preocupaciones, a sus resentimientos y culpabilidades, porque estas emociones negativas, con sus 'punzadas', les dan la sensación de estar vivos —dijo el Maestro—. Y puso este ejemplo:

—Un cartero se metió con su bicicleta por un prado, a fin de atajar. A mitad de camino, un toro se fijó en él y se puso a perseguirlo. Finalmente, y después de pasar muchos apuros, el hombre consiguió ponerse a salvo.

—Casi te agarra, ¿eh? —le dijo alguien que había observado lo ocurrido—.

—Sí —respondió el cartero—, como todos los días.

*Un minuto para el absurdo*, de Anthony de Mello

# ¡¡Basta de autoflagelarte!!

— *O*tra vez lo mismo —le dijo su amiga—. Hace dos años que tu marido te dejó y cada vez que nos encontramos me cuentas exactamente lo mismo: lo malo que fue contigo, lo desagradecido, lo hiriente, que no te merecías semejante comportamiento de él; luego, viene el autorreproche: que sientes que no hiciste bien las cosas con él, que deberías haber sido más apasionada o mejor compañera. Cada vez que lo encuentras «acompañado», lloras amargamente durante días. Déjalo ir ya.

Hay quienes van por la vida con una varita (simbólica) para pegarse en la espalda todos los días: «Toma esto (se da un golpe) por la estupidez que hiciste el otro día. Toma esto otro (otro golpe) por la oportunidad que perdiste». Y así van… torturándose absolutamente por todo. Cualquier error es motivo para angustiarse y culparse. Jamás se perdonan. Pueden revolcarse en el dolor durante años, décadas, ya que sienten que ningún castigo es suficiente para borrar ese traspié.

La pregunta que surge inmediatamente es: ¿para qué les sirve maltratarse y culparse? PARA NADA POSITIVO, obviamente, pues la energía y la atención que deberían colocar en la resolución de cosas cotidianas, en proyectos, en diversión, en relaciones, todo está puesto en recordar el dolor. Es igual a ese proceso irrefrenable por el que, cuando a uno le sale una ampolla en la boca, la toca con la lengua a cada rato, a pesar de que empeora, pero no puede frenar ese impulso.

Pues, hoy es el día uno, el día del nuevo inicio, de sacar la lengua de la llaga y dejar que la herida cicatrice sola y normalmente.

Tómate este momento como un nuevo despertar, aprende a domesticar ese impulso malsano, edúcate para perdonarte y tomar todo «más a la ligera», ríete de ti mismo, ensaya vivir más laxamente, con más alegría en el alma y menos autoexigencia y autocondena.

# Instrucciones que te llevarán directo a un infarto

1. Antepone el trabajo a todo.
2. Teme hasta de tu propia sombra.
3. No descanses nunca.
4. No comas tranquilo.
5. Si tienes un rato para el ocio, busca algo para hacer.
6. Jamás delegues responsabilidades.
7. No cuides su salud.
8. Preocúpate todo el tiempo hasta de las cuestiones más irrelevantes.
9. Fuma y bebe para sobrellevar los momentos de estrés.
10. Mantén todas tus cosas en desorden así te enojas continuamente por no hallar nada.
11. No te pierdas ninguna noticia trágica que pasen por tv, así la presión te llega a las nubes.
12. Presta atención a todas las catástrofes que ocurren en el mundo y, si con ello no alcanza para cubrir la dosis de sufrimiento diaria, puedes informarte sobre temas de astronomía, ya que todo el tiempo hay estrellas que mueren o asteroides que impactan contra otros planetas.
13. No te olvides jamás de que nos pueden invadir los extraterrestres.
14. Abusa todo el tiempo de tu buena suerte y practica deportes peligrosos.
15. Endéudate hasta el tuétano.
16. No vaciles en pedir créditos de dudosa procedencia.

# Apártate de los ruidos molestos

Una parte de nuestra integridad física y psicológica depende de los sonidos que nos circundan. El estar expuesto durante mucho tiempo a ruidos molestos y penetrantes altera hasta a la persona más tranquila, de eso no hay dudas. Miles de estudios científicos confirman que cuando nos invaden los altos decibelios de motores, bocinas, fábricas, maquinarias, electrodomésticos, por mencionar solo algunas cosas, podemos vernos afectados por una multiplicidad de dolencias y enfermedades. El estrés, el insomnio, el mal humor son sólo parte de las consecuencias. Por eso es tan importante hallar momentos y espacios donde sea posible apartarse de ellos, aunque sea por unos minutos. Es una forma de recuperar la calma y la paz mental.

Si tu casa se halla en un lugar céntrico o en una zona fabril, sería muy bueno que de vez en cuando te hagas escapaditas a otros sitios donde te sea posible relajarte y dormir con tranquilidad. Casa de amigos, un hotel, lo que sea, pero que ocurra ocasionalmente para producir una desconexión de tal apabullamiento auditivo.

# Selección de versos del Dhammapada

1. Todos los estados encuentran su origen en la mente. La mente es su fundamento y son creaciones de la mente. Si uno habla o actúa con un pensamiento impuro, entonces el sufrimiento le sigue de la misma manera que la rueda sigue la pezuña del buey...

25. A través del esfuerzo, la diligencia, la disciplina y el autocontrol, que el hombre sabio haga de sí mismo una isla que ninguna inundación pueda anegar.

50. No deberíamos considerar los fallos de los demás, ni lo que los otros han hecho o dejado de hacer, sino nuestros propios actos cometidos u omitidos.

51. Igual que una flor bella y de brillante color, pero sin perfume, así son de estériles las buenas palabras de quien no las pone en práctica.

103. Más grande que la conquista en batalla de mil veces mil hombres es la conquista de uno mismo.

111. Un solo día de la vida de una persona que se esfuerza con firme resolución vale más que cien años de la vida de una persona perezosa e indolente.

173. Aquel cuyas buenas acciones superan las malas ilumina este mundo como la luna emergiendo de las nubes.

231. Uno debe refrenar la mala conducta del cuerpo y controlarlo. Abandonando la mala conducta del cuerpo, uno debe adiestrarse en su buena conducta.

232. Uno debe refrenar la mala conducta del habla y controlarla. Abandonando la mala conducta del habla, uno debe adiestrarse en su buena conducta.

233. Uno debe refrenar la mala conducta de la mente y controlarla. Abandonando la mala conducta de la mente, uno debe adiestrarse en su buena conducta.

234. Los sabios se controlan en actos, en palabras y en pensamientos. Verdaderamente se controlan bien.

349. El que se perturba con perversos pensamientos, que es excesivamente ávido, que se recrea en pensamientos de apego y

aumenta más y más la avidez, hace cada vez más sólidos los grilletes de Mara.

408. Aquel que solo profiere palabras gentiles, instructivas y veraces, que habla sin ofender a nadie, a ese llamo yo noble.

# Participa en actividades por puro placer y diversión

*Vivimos en una época en la cual el ocio es más cansador que el trabajo.*

Fernando Savater

Numerosas personas se apuntan a actividades o gimnasios, porque desean deshacerse del estrés, pero resulta que terminan involucrándose de tal modo en ello que se tornan competitivas y se estresan más aún. Lo que al principio era sencillamente hacer gimnasia para estar flexible y con salud, se transforma luego en reventar levantando pesas y corriendo en la cinta para marcar más los músculos.

El que empezó un hobby de montar rompecabezas inició con uno de 200 piezas y termina después de un tiempo ocupando toda una habitación, arrancándose los pelos porque tiene que armar uno de 200.000 piezas.

También están los que comienzan corriendo una vuelta alrededor de la plaza pero terminan anotándose en maratones infernales que los dejan exhaustos por una semana. Pues bien, la idea no es esa justamente. La idea es realizar actividades para mejorar la salud física y la paz mental, pero sin sobreexigencias. Son tareas, hobbies, actividades para distenderse, estirarse, aliviar contracturas y divertirse. Una de las mejores curas para el organismo es la sana y tranquila diversión, en la que no hay competencias y obligaciones: sólo se realizan cosas por el simple y sencillo gusto de hacerlas.

# El valor de la compasión

Hay que darse cuenta de la utilidad de la compasión (…). Ese es el factor clave. Una vez que se ha aceptado que la compasión no es algo infantil o sentimental, una vez que se ha comprendido su valor más profundo, se desarrolla inmediatamente el deseo de cultivarla.

Y en cuanto estimulas la actitud compasiva en tu mente, en cuanto se hace activa, tu actitud hacia los demás cambia automáticamente. Si te acercas a los demás con disposición compasiva, reducirás tus temores, lo que te permitirá una mayor apertura. Creas un ambiente positivo y amistoso. Con esta actitud abres la posibilidad de recibir afecto o de obtener una respuesta positiva de la otra persona. Y, aunque el otro no se muestre afable o no responda de una forma positiva, al menos te habrás aproximado a él con una actitud abierta, que te proporciona flexibilidad y libertad para cambiar tu enfoque cuando sea necesario. Esa clase de apertura facilita al menos la posibilidad de tener una conversación significativa con el otro.

*El arte de la felicidad*, de Dalai Lama

# Cuando estás necesitando un compañero o una compañera de vida

Si deseas hallar un compañero o una compañera para compartir tu vida, en principio no se trata de salir a buscar como si se tratara de la compra de un producto. Muchas veces la persona indicada para ti puede aparecer en el momento menos pensado, pero si estás pensando en que deseas algo más activo y menos del orden de la espera, esta búsqueda debe ser realista, ya que lo menos recomendable es dejarse llevar por las fantasías. Tanto hombres como mujeres tenemos defectos y virtudes y es necesario aceptar todo el *pack* que implica cada persona, no solo lo bonito o divertido.

También es importante que tengas en claro lo que no aceptarías del otro y lo que podrías ceder, conceder o brindar. El amor y el compañerismo son aspectos importantes de la existencia, pero no se trata solo de recibir sino también de dar. Este hermoso sentimiento no debe hacerte sentir mal o nervioso, sino con algarabía en el corazón, con expectativas, energías y mucha alegría. El cariño y el compañerismo no devastan sino que te ayudan a florecer, te llenan de deseo, de energía para armar proyectos, de sentimientos generosos y grandes.

# Un rayo de sol que ilumina

Stefan Vanistendael, en el libro *Resilencia y humor*, afirma: «El humor es a menudo como un rayo que ilumina bruscamente un paisaje oscurecido por nubarrones. En situaciones difíciles el humor nos permite –inesperadamente–, ver algo más que oscuridad; atrae nuestra atención sobre aspectos positivos, pero olvidados o desatendidos hasta el momento». Y continúa diciendo: «Ese humor es susceptible de ser descrito como una forma de realismo optimista, dado que no niega el problema y descubre una perspectiva positiva».

Es que el humor es una manera de hacer frente a la adversidad, pero de una manera digna, gentil, creativa y con entereza. Nos hace funcionar con otra modalidad. Si tenemos ante nosotros una situación desgraciada o poco conveniente podemos reaccionar de dos formas: una, adoptando una pose trágica, angustiante y no resolutoria; la otra, en cambio, consiste en reconocer la dimensión de problema pero con una perspectiva creativa, optimista y proactiva. La vida es como una moneda, tiene dos caras, la moneda es siempre la misma pero podemos sostenerla en la mano frente a nosotros con la cara o la cruz, y la vida también es así, podemos tomarla con humor o con tristeza.

# Los tres tesoros

Según el taoísmo, cuando nacemos se nos otorga tres tesoros con los cuales viviremos hasta el día de nuestra muerte. Por ello es importante cultivarlos y cuidarlos. Los tres, si bien son distintos, dependen unos de otros: primero está el jing, que es la esencia de la vida, los fluidos de nuestro cuerpo; luego tenemos el shen o el espíritu de la vida, que está relacionado con los pensamientos, el espíritu, la intuición, la fuerza de voluntad y el ego; finalmente, está el qi que es la energía vital, lo que anima a todas las cosas.

Del buen manejo de estos tres elementos o tesoros, es decir, de su delicado equilibrio, dependen la salud, la alegría, la armonía, la paz interna.

Hay muchas formas de cuidar estas joyas, estos dones recibidos. Por lo general, se hace por medio de las prácticas de respiración, meditación, ejercicios, dieta saludable, la realización de acciones amorosas y desinteresadas, acallando el egoísmo y dando lugar a la compasión y a la generosidad.

# *Qué lindo es sorprender gratamente a la gente que uno quiere*

*S*in importar la edad que tengamos, a todos nos gusta de vez en cuando recibir un presente y, seguramente, también darlo, pues es sumamente gratificante que se acuerden de nosotros y, a la vez, ofrecer algo que diga: «me acordé de ti, te extrañaba y por eso te traje esto».

Cuando se trata de un gesto desinteresado, completamente despojado de cualquier intención mezquina, estamos ante un acto puro y sencillo de amor, de cariño, de amistad, que hace que ambas partes se sientan bien y queridas. Por qué entonces privarnos de algo tan hermoso. No necesitas grandes inversiones de dinero, sí, en cambio, de cariño y ternura. Recuerda que los presentes más hermosos son los que fueron pensados y entregados con un sólo pensamiento en mente: mimar.

# Creencias que estresan

ada persona tiene un «corpus» de creencias (no se trata de creencias religiosas, estas son tan solo una pequeña parte) con el que interpreta la realidad que la circunda; ello incluye personas, situaciones, vivencias, cosas. Ahora bien, estas creencias se adquieren a lo largo de los años, a través de padres, amigos, compañeros de colegio, etcétera, y se van cristalizando hasta armar una masa compacta o una especie de vara con la que se mide todo. Si las creencias que tenemos son poco saludables o poco adaptadas a la realidad, lo más seguro es que nuestra vida se transformará en un infierno. Ejemplos de este tipo se escuchan todos los días: «Debería haberme agradecido por lo que hice», «ella tendría que ser más amable», «debería tener una carrera exitosa», «debería tener mi casa propia y un excelente sueldo», «la vida tendría que ser más justa», «las personas tendrían que ser más buenas y generosas». En fin… hay miles de ejemplos. El psicólogo Albert Ellis se refirió a este tipo de pensamientos como «deberización» y esta «deberización» es una máquina de desadaptación, tensión, agresividad, enojo y estrés.

La cuestión es que ninguno de estos planteos es válido… Lo más sano es que prefieras, en vez de exigir, esto es: «me encantaría que la gente fuera más jovial y agradable», «me gustaría ser más exitoso», porque si de esta manera se planteado todo, se establece una sana relación entre la realidad y uno mismo. Esta es la clave… no manejarse con reglas fijas, sino poseer una buena adaptación al contexto y a la realidad, y no exigir.

# Dime cómo eres y te diré qué yoga practicar

*P*ersonalidad activa: el karma yoga, según Abhedananda, es el más adecuado para personas a las que les gusta trabajar, estar en movimiento y que desean ayudar a otros. El karma yoga enseña el secreto de la acción y, a través de esta, cómo alcanzar la perfección. Enseña cómo se puede realizar muchas actividades pero con una mínima pérdida de energía.

Personalidad emocional y espiritual: el bhakti yoga es fundamentalmente para aquellos que desean alimentar e incrementar su naturaleza emocional y espiritual. Es la senda del amor.

Personalidad que busca la tranquilidad: el raja yoga se orienta hacia la meditación, la concentración y la respiración, y trata de desarrollar los poderes psíquicos que poseemos para llegar a la supraconciencia.

Personalidad que busca el conocimiento: el jñana yoga representa ante todo la búsqueda de conocimiento y comprensión. Es especial para aquellos que andan transitando una búsqueda de respuestas y sabiduría.

## Disfruta tus horas de descanso

Aleja la culpa de tu mente y aprende de una vez por todas a disfrutar tus horas de descanso… Es tan importante como respirar y comer. Antes de saltar de la cama, cuando suena el despertador, estírate, bosteza, remolonea un rato. Si deseas hacer una siesta, no lo mires como un pecado, porque tienes derecho a apoderarte de ese sillón mullido y a dormir plácidamente aunque sean unos minutos. Si estás en el trabajo y deseas parar un poco y tomarte unos momentos para relajarte, hazlo sin temor ni remordimiento. Nunca postergues ni elimines esos oasis de descanso, pues forman una parte esencial de tu salud mental, física y emocional.

# Yo constelo, tú constelas, la familia constela

Según el psicoterapeuta humanista Belem Pacheco Medina, esta técnica se basa en que los miembros de una familia están todos ligados por profundos lazos de amor y lealtad y que se hallan dispuestos a dar lo que sea para el bienestar de otro miembro de la familia. Dentro de cada grupo familiar existen ciertas leyes o ciertos imperativos inconscientes que se transmiten inadvertidamente de generación en generación, controlando aspectos fundamentales de la vida de cada integrante de este grupo. Muchas familias tienen secretos, reglas, conceptos que afectan directa o indirectamente a todos sus miembros y cuando esas normas se transgreden, repercuten sobre la vida de cada uno de ellos. Entonces, la función del terapeuta es analizar qué leyes funcionan y dominan a cada familia para trabajar sobre ellas. En un grupo que constela, algunos participantes observan o incluso se ofrecen para representar a personas de otros grupos familiares que ayudan a detectar esos mensajes inconscientes y hallar una solución.

En las Constelaciones Familiares se observa el lugar que ocupa un individuo dentro de un sistema (social, familiar, laboral), las normas implícitas que este sistema posee y el modo en que lo afectan. Cuando la persona se ubica exactamente en el lugar que le corresponde y logra entender esas reglas invisibles que manejaban su vida, entonces lees posible elaborar un buen presente y futuro.

El método para constelar es el siguiente:

1. Se pregunta a la persona que asiste a la consulta cuál es el problema que desea trabajar.
2. Una vez aclarado el asunto a tratar, se le pide que seleccione, entre la gente que compone el grupo, a algunos representantes para las personas de su sistema, y que los ubique según la relación afectiva que tiene con cada una de ellas.

3. Estos «elegidos», a través de una serie de preguntas, manifiestan lo que sienten con respecto a la persona que presentó el conflicto.
4. El profesional encargado de manejar el grupo realiza diferentes movimientos hasta restablecer el orden en el sistema.
5. Finalmente, el terapeuta le hace algunas observaciones a la persona para que logre ver y analizar el conflicto a fin de encontrar una solución a su problemática.

# Cuídate de los mentirosos compulsivos

La mitomanía es un trastorno psicológico en el que la persona afectada no para de mentir, ya sea para captar la atención de los demás o para que la admiren. Los mitómanos no necesariamente tienen la intención de engañar o estafar, más bien la finalidad apunta a hacer más fantástica la realidad para captar la atención de su oyente. Al mismo tiempo que maneja este deseo de admiración, también juega con el temor a ser descubierto, lo que no es poca cosa, pues con el tiempo todos estos factores terminan jugándole en contra y la consecuencia más visible es el rechazo de la gente. También se suma la cuestión de la pérdida de credibilidad y todo lo que ello acarrea.

Pero atención, a diferencia de las personas que ocasionalmente mienten para salir del paso o de una situación embarazosa, para los mitómanos se trata de una adicción, por lo tanto crónica, que genera una forma negativa de relacionarse con la gente.

Si tú crees que eres mitómano o posees un amigo o familiar que consideras que padece esta patología, lo ideal es realizar un tratamiento psicológico, pues no hay una receta mágica para esto. Por otro lado, si tu pareja o amistad es mitómana y no quiere tratarse, en primer lugar deberás considerar cómo preservarte tú para no enloquecer con sus mentiras. Los mitómanos pueden envolverte en una red complicada de engaños y si no te cuidas pueden peligrar tu salud mental y tu paz cotidiana.

# Entrenamiento social

La falta de interés social tiende a orientar a las personas hacia lo negativo o hacia el lado «inútil» de la vida, afirmaba el médico y psicoterapeuta Alfred Adler. Ello es completamente cierto ya que cuando nos aislamos perdemos una parte muy importante de lo que implica el acto de vivir. Los vínculos sociales y familiares son fundamentales para llevar a cabo una existencia plena y feliz. Por esto, es vital encontrar el modo de incluirnos socialmente y lograr mayor interacción. Es un ejercicio impostergable. No es necesario ir a un bar a las tres de la mañana, tampoco se precisa formar parte de un grupo multitudinario, se trata tan solo de no perder el roce con la gente, de tomar un cafecito con un colega, ir a pasear con una persona conocida, conversar con una alumna o un profesor, para recibir distintos puntos de vista y no encerrarse en una realidad armada a medida en la que se corre el riesgo de hundirse y desaparecer.

Aristóteles definía ya al hombre como un ser social (y político) pero lo entendía como parte de una gran sociedad, no aislado. Por naturaleza el hombre necesita vivir con otros.

# *La fuerza de voluntad*

*L*a fuerza de voluntad es el impulso interno que nos lleva a enfrentar desafíos, vencer obstáculos y lograr los objetivos que nos proponemos, pero no es algo que surge por obra de magia, sino que, como todo, se trata de una construcción: hay que estar atentos a ella y fortalecerla cada vez que flaquea. Nadie carece de voluntad… sería imposible vivir, pero sí hay personas con más fuerza de voluntad que otras.

Esta capacidad se relaciona con factores como la autoestima y las motivaciones, entre otras cosas. Cuando nuestra autoestima está bien, la fuerza de voluntad es arrolladora, nos impulsa a concretar proyectos, a no decaer bajo circunstancias difíciles, a ser constantes en situaciones complicadas. En cambio, cuando tenemos una autoestima «dañada» las postergaciones, el decaimiento, el desánimo son los que manejan a la persona. Entonces, primero hay que ejercitarse en el amor incondicional hacia uno mismo, sin peros, sin críticas. Es fundamental ser más prácticos y directos, ver que todos cometen errores, nadie es perfecto y que lo mejor que se puede hacer por uno mismo es quererse sin miramientos. En segundo lugar, es necesario aprender a motivarnos. Si queremos empezar una dieta porque tenemos el colesterol alto, podemos pensar en todos los beneficios secundarios que obtendremos de esta acción: adelgazaremos, nos entrará ese pantalón que usábamos hace tres años atrás, nos sentiremos más livianos al hacer ejercicios…

En definitiva, se trata de encontrar la vuelta para que todo sea más divertido o llevadero, ayudando así a desarrollar nuestra voluntad.

# Aprender a vivir solos después de una ruptura

Después de un divorcio o una separación aparece frente a nosotros un momento crucial: una vida nueva, sin la pareja, con ritmos diferentes, tal vez en un lugar distinto y con gente en un vecindario con otras características. «Enfrentarse a esta nueva realidad tiene sus bemoles –dice Silvia, una mujer de cuarenta años, separada hace dos años –pero con el tiempo uno se adapta a la nueva situación. Al principio puede costar trabajo, pero lentamente se van tejiendo nuevas relaciones, los horarios se acomodan, la casa nueva (si se cambia de dirección) se convierte en un hogar».

El ser humano tiene la capacidad de adaptarse a diversos entornos y experiencias, tan solo es cuestión de ser pacientes y afrontar el desafío con entereza y coraje. Nada justifica vivir con alguien que nos hace daño o que sencillamente ya no queremos.

Al principio puede ser doloroso y extraño llegar al hogar y encontrar silencio y vacío o, si se tiene hijos, puede ser bastante escabroso que ellos toleren la ausencia del padre o de la madre. Sin embargo, cuando el orden retorna, la paz se restablece, cuando ya no hay gritos ni demandas en donde se habita, el aire se purifica y todos terminan felices con la nueva situación.

Sólo hay que perseverar: los chicos pueden sufrir y rebelarse al principio, pero tarde o temprano lo cotidiano adoptará el equilibrio necesario.

# El elemento que más se ajusta a tu personalidad

*La astrología representa la suma de todo el conocimiento psicológico de la Antigüedad.*

Carl G. Jung

En cuanto a los elementos (Fuego, Tierra, Aire y Agua), los cuatro componen el cielo y la Tierra e influyen en cada signo y en cada personalidad. Cada persona posee sensaciones, pensamientos, sentimientos e intuición y estos tienen sus correlativos en estos elementos.

Las sensaciones se relacionan con la tierra, los pensamientos con el aire, los sentimientos con el agua y la intuición con el fuego.

Teniendo esto en cuenta, para equilibrar los cuatro componentes del ser humano o de su conciencia o para entender cuál predomina sobre cada carácter, o con qué personas nos relacionamos mejor, será necesario conjugar bien los elementos. La carta natal nos enseñará el camino para realizar los pasos necesarios. Luego, será importante estudiar el lazo con su signo zodiacal. Signos de Tierra son Tauro, Capricornio y Virgo, de Aire son Géminis, Libra y Acuario, de Agua son Cáncer, Escorpio y Piscis y de Fuego son Aries, Leo y Sagitario.

# *Mindfulness*

*P*restar atención de manera intencional al momento presente, sin juzgar.

Se trata de una técnica interesante para modificar el manejo de determinadas situaciones y la percepción que tenemos de ellas. Mindfulness es atención plena, sin juzgar. Con este método se aprende a estar atento de una manera más sensitiva que intelectual y a entender lo que podemos controlar y lo que no está a nuestro alcance manejar. Por medio de la práctica del mindfulness se logra modificar las diferentes percepciones, los pensamientos, sentimientos y emociones, y con ello se logra disminuir los niveles de estrés, de ira, de decepción. En estos últimos tiempos, ha despertado la curiosidad en la gente porque se ha descubierto que también tiene una aplicación muy útil en lo que concierne a las somatizaciones, a ciertas dolencias físicas particulares.

# Los beneficios de la práctica de

# Mindfulness

(Fuente: http://www.mindfulness-salud.org/ ):

1. Estar plenamente en el presente, en el aquí y ahora.
2. Observar pensamientos y sensaciones desagradables tal cual son.
3. Conciencia de aquello que se está evitando.
4. Conexión con uno mismo, con los demás y con el mundo que nos rodea.
5. Mayor conciencia de los juicios.
6. Aumento de la conciencia de símismo.
7. Menor reacción frente a experiencias desagradables.
8. Menor identificación con los pensamientos (no soy lo que pienso).
9. Reconocimiento del cambio constante (pensamientos, emociones y sensaciones que vienen y van).
10. Mayor equilibro, menor reactividad emocional.
11. Mayor calma y paz.
12. Mayor compasión y aceptación de sí mismo.

# Aprendiendo a convivir con nuestros mayores

Salvo raras excepciones, gran parte de la población ha perdido ese vínculo de amor y respeto hacia los mayores. En muchos casos se habla de una sociedad «gerofóbica».

Ya no se les tiene paciencia, molestan en casa, en los lugares públicos, en los transportes y no se les brinda un trato cordial y educado. La gente no acepta que en algún momento pasará a ser parte de este grupo y, en el ahora, no los atiende con cordialidad ni les da la ayuda que tanto necesitan. Entonces se ven ancianos marginados, maltratados, olvidados, abandonados a su suerte.

Ellos constituyeron familias, trabajaron para llevar adelante el país, tuvieron hijos y nietos y merecen amor y cordialidad.

Cuando establecemos lazos sanos y gentiles con otros, ya sean mayores, menores, blancos, negros, amarillos, azules, judíos, católicos, protestantes, altos, bajos, flacos, gordos, se desarma o se quiebra esa burbuja de indiferencia con la que solemos separarnos y protegernos de los demás. Al salir del encierro de uno mismo y ocuparnos de otros, sin juzgar raza, edad o credo, amamos, sencillamente, amamos y con ello todo el planeta y los que viven en él cambian para bien.

Tanto las buenas acciones como las malas repercuten en el ahora y en el futuro. Imagínate si fuera mayor la cantidad de ejemplos de cariño, educación, respecto, dedicación frente a los de maltrato e indiferencia... tendríamos un mundo maravilloso.

# Defiende tu deseo de no tener hijos

A pesar de vivir en pleno siglo XXI, todavía sigue, un poco más oculto pero vigente aún, el mandato de ser padres. Si bien mucha gente no siente el anhelo de tener niños, las personas, sea por presión social o familiar, terminan teniéndolos. Parece una aberración esto, pero sucede. Los hijos se tienen por amor y no por compromiso, esto debe quedar más que claro. Entonces, cuando no surge la necesidad de la paternidad o maternidad lo justo es hacerse cargo de esta decisión y defenderla a pesar de las opiniones o los comentarios que puedan surgir. El asunto del «ser mujer» ya no pasa por el embarazo, sino por otras cuestiones. Por no ser padre no se es menos hombre. No son  pocos los que, estando bien física y psicológicamente, optan por no tener niños porque conceden más relevancia a su autonomía. Se sienten más libres para realizar cambios, aceptar desafíos laborales, dedicarse a tiempo completo a una carrera o investigación o, sencillamente, a viajar y conocer gente nueva.

La mujer, sobre todo, es la que padece mayor presión social. Para defender su posición debe lidiar con varios prejuicios que la rondan: el de la infertilidad, el del egoísmo, el de cierta neurosis, el de no haber hallado al hombre adecuado que le hiciera desear la maternidad. Toda una locura…. Y a muy pocos se les ocurre pensar y respetar ese gusto por su independencia.

# ¿Eres adicto a la queja?

*Si tiene remedio, ¿por qué te quejas? Si no tiene remedio, ¿por qué te quejas?*

Proverbio oriental

Así como existen el paracaidismo, el ciclismo y automovilismo, también está el «quejismo». Aunque no se crea, es todo un deporte que requiere tesón, empeño, constancia y mucha pero mucha práctica. Todo viene bien para quejarse: la lluvia, el calor, la humedad, el frío, la agenda llena de compromisos, la agenda vacía de compromisos, el cabello ondulado, el cabello lacio… El adicto a la queja no busca soluciones o respuestas, solo hace este ejercicio para descargar momentáneamente la tensión que le causan determinadas circunstancias. Pasado el momento, sobreviene otra queja.

Pero atención, este pasatiempo, que en principio parece inofensivo, no lo es. De hecho, suele traer varias consecuencias respecto de nuestra salud mental y física. El problema es el siguiente: cuando nos quejamos, creemos que descargamos esa energía negativa que tenemos, pero sin embargo, ocurre lo contrario, la acumulamos. La indignación crece, la bronca aumenta y el volumen de la queja crece. Es decir, se puede comparar a una pelota de nieve que va aumentando su tamaño a medida que cae y cuyo crecimiento sigue mientras no se detiene.

Por tal motivo es necesario frenar este impulso y ser operativos. ¿De qué modo? Si algo no te gusta, si algo te molesta o sientes que está mal, realiza la denuncia correspondiente, levanta una queja escrita, ve a una manifestación en la que se trate de analizar el problema, inicia acciones que conduzcan a la resolución.

La queja por sí sola sólo genera malestar, no se puede dominar y provoca mucha decepción.

Hazte proactivo y busca respuestas, busca resolver, pero sin alharaca, sin emitir palabras agresivas o de desilusión.

# *Lucha contra la insatisfacción*

*A* pesar de que tengamos acceso a tantas cosas hoy en día, muchos se sienten vacíos, insatisfechos, aburridos y sin sentido. Existen cientos de miles de personas desorientadas que buscan un propósito o motivaciones a su vida y, sencillamente, no las encuentran. Hay un clima generalizado de malestar, de falta de completitud, de saciedad. La percepción que se tiene de la realidad es semejante a la de echar agua en una jarra que no tiene fondo: jamás se llena. Y por tanto, mientras el sentido no aparezca, prevalecerá ese gusto amargo de la nada.

¿Qué podemos hacer, pues? Probar de todo… terapias, hobbies, deportes, lecturas. Lo importante es no quedarse estático esperando que venga un rayo iluminador del cielo. Porque quizá en ese movimiento se encuentre esa chispa de esperanza tan necesaria para que la vida sea bella.

De pronto puede ser que descubramos que tejer nos hace feliz, para otros será coleccionar automóviles de juguete, para otros, estudiar idiomas o viajar. En la exploración misma se halla la respuesta. Lo que no hay que hacer es esperar que venga la respuesta a nosotros. Tenemos que salir a buscarla, con toda la fuerza que tengamos.

# ¡Libérate de la obsesión de controlarlo todo!

Es necesario saber delegar, dejar en manos de gente responsable algunas tareas o decisiones, pues si no logramos hacer tal cosa, seguramente terminaremos sumamente estresados.

Sin embargo, no todos están dispuestos a pasar el bastón de mando a otros, porque tienen pavor de que no cumplan o no solucionen las cuestiones de manera eficiente. De modo que se atiborran de obligaciones y compromisos hasta quedar totalmente exhaustos y sin tiempo para el ocio, la diversión, la familia y los amigos.

Para tales personas he aquí una ley universal: muy pocas cosas están realmente bajo nuestro control. Existen millones de variables que en un segundo pueden modificar hasta el plan más pensado y estructurado. Gigantes emporios financieros se derrumbaron, grandes imperios cayeron, importantes economías quebraron; cómo podemos creernos tan omnipotentes e infalibles como para pensar que somos los únicos capaces de resolver las cosas, los problemas o llevar a cabo un plan. Nadie es indispensable en este mundo. Muchos somos importantes pero jamás indispensables y todos poseemos, si brindamos o nos brindan la oportunidad, la capacidad de concretar tareas pequeñas o grandes con éxito. No hay que olvidar que, a veces, cuando no delegamos, generamos en los que nos rodean una suerte de apatía, provocando que ninguno de los que están a nuestro lado haga algo porque piensan que, inmediatamente, querremos tomar el control de lo que están realizando.

Así que… aprende ya mismo a aflojar, ceder el mando y recuerda que nadie está exento de errores.

# ¿Tienes amistades peligrosas?

Envidiosos, cizañeros, carroñeros, los que se hacen pasar por víctimas…, la fauna es variada. Ante este panorama variopinto es necesario distinguir bien el trigo de la maleza, separarlos bien y preservar como un tesoro a nuestros verdaderos amigos.

Vivimos rodeados de gente, de muchas personas que se autodenominan amigos e incluso, es probable que nosotros lleguemos a creerlo, pero mucho cuidado…

Existen los que se llaman «vampiros energéticos» o gente con malas intenciones que sólo está a nuestro lado para conseguir algún tipo de beneficio.

Estas personas se llenan la boca con la palabra amistad cuando necesitan pedir un favor, pero difícilmente se encuentren a nuestro lado cuando atravesamos un momento complicado. Son «amigos» que ven a las personas como un medio para llegar a un fin y nada más, y si de paso pueden causar algo de aflicción, tanto mejor.

Cuando encuentras personalidades de este tipo en tu entorno, lo mejor es tener muy en claro qué tipo de relaciones tienes con ellas y hasta dónde pueden acercarte, pues en muchos casos pueden ocasionarte perjuicios de diferentes tipos.

No es bueno aislarse ni pelearse con la gente, tan solo hay que tener muy claro quiénes de los que nos rodean son personas que nos quieren y nos aprecian y quiénes sólo son pequeñas pinceladas que componen el gran cuadro que es nuestra vida.

# La mente cósmica: todos estamos conectados

Todo el Universo y, por ende, todo lo que lo compone, humanos incluidos, se encuentra interconectado. Todos compartimos un nacimiento común, materia y energía. En cada persona se halla la información del Universo. La transmitimos de generación en generación por medio de nuestro patrimonio genético. Portamos los sucesos y las materias que sucedieron al *big bang*, tenemos en nuestras memorias la evolución, las catástrofes, los grandes acontecimientos que afectaron a este y otros planetas. Somos (animales, hombres, rocas, árboles, microbios, etcétera) una gran familia. Por eso, cada acción que realizamos afecta a un sinnúmero de seres y cosas. El bien que se hace se multiplica por millones de millones y, desgraciadamente, el mal también. Por este motivo es tan importante no pensarse como un individuo solo y aislado, sino como componente de una gigantesca comunidad donde cada acción se multiplica exponencialmente, y tratar de ser generosos, pacientes, amorosos. Cada acto que realizamos, cada respuesta, cada palabra puede tener consecuencias inimaginables. Un sólo hombre pensó en una bombilla eléctrica y el planeta Tierra se iluminó.

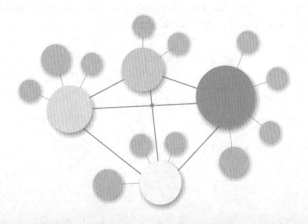

## Entrénate para ser un líder

Algunos nacen líderes y otros se hacen, es completamente cierto. Pero si no eres naturalmente líder y deseas convertirte en uno, el primer paso a realizar consiste en un importante y profundo trabajo de autoconocimiento. Será vital, también, detectar cuáles son tus puntos débiles y fuertes, y trabajar sobre ellos. Además, tendrás que aprender algunas cuestiones tales como: escuchar las necesidades de la gente, organizar tareas individuales y grupales, reconocer debilidades y fortalezas de quienes te rodean, generar una posición de autoridad construida a partir de ese autoconocimiento y de la confianza que las personas depositarán en ti. Tendrás que hacerles frente a las buenas como a las malas decisiones que tomes, pero sin autorreproche y sin sentirte mal, más bien con entereza y con pensamiento positivo, ya que de ello sacarás una importante enseñanza. Será fundamental también negociar para obtener los mejores resultados de ti y de los demás y, por último, saber establecer metas y saber conducir a la gente para que alcance los resultados deseados.

Ser líder no es imposible, se trata de un entrenamiento que comienza con el estudio de uno mismo, el de los demás y de la manera de generar un ambiente eficaz y armonioso para trabajar todos juntos en pos de conseguir la meta deseada.

Ten presente que, actualmente, hay muchas instituciones que proponen cursos para ejercitarte en este rol.

# Habla de lo que te gusta o quieres para ti

Cada vez que abres la boca para hablar de lo que te disgusta, terminas haciendo que esa realidad que tanto detestas se pegue más a ti. Es como cuando de niños nos portábamos mal en clase y la maestra, para que aprendamos la lección de portarnos bien, nos hacía escribir «debo ser respetuoso» cien veces. Esto es lo mismo... si a cada rato dices «qué mala es la gente», terminarás absolutamente convencida de que TODOS son malos. Si repites continuamente «hoy tengo un día espantoso», será así, tenlo por seguro, porque con la reiteración no sólo expresas tu disconformidad, sino que te programas para creer tal cosa sin lugar a dudas.

De allí la importancia de hablar de lo que uno en verdad quiere lograr, de todo lo bello que nos rodea, de las cosas buenas de la vida, porque estamos grabando en nuestra mente, colmándola con una visión altamente positiva. Esto nos prepara para encarar el día de otra manera y para mirar al futuro con expectativas interesantes.

El poder de las palabras y de los pensamientos es inmenso, hay que usarlo para hacer el bien, para generar acciones productivas, no larvarias o detractoras. Procura cambiar el vocabulario que empleas y la manera en que te refieres a los acontecimientos y trata de cambiar el foco de tu atención. Si miras al mundo con otros lentes podrás encontrar actos generosos, gente que realiza actos de bien completamente desinteresados, maravillas naturales por doquier. En definitiva... prográmate para la felicidad y el éxito.

# *Cuando te vayas a dormir, nunca te olvides de…*

*P*ara vivir de manera sana es imprescindible descansar bien. Para ello, además de prestar atención a lo que se consume antes de acostarse, a que la cama esté en condiciones tales que nos brinde una buena sensación y postura, es fundamental no ir a la cama enojados o peleados. Es necesario, aunque represente un esfuerzo, hacer algo para cambiar el humor. Si tuviste un día con problemas laborales, trata de apartarlos de tu mente y concéntrate en la lectura de un libro, mira alguna película, cómete un chocolate, conversa con tu familia, llama por teléfono a una amiga, sal a caminar un poco para despejarte. Si te peleaste con tu pareja o con tus hijos, trata de reconciliarte, no evites hablar con ellos, abrázalos y diles que los amas porque es lo más hermoso que puede sucederte, y perder ese tesoro un sólo día es un desperdicio. Cuando vas a dormir luego de haber abrazado a tus seres amados, es más fácil conciliar el sueño y entrar en él con una sensación de amor y bienestar. Nadie tiene el destino comprado y esas personas a las que por orgullo o ira no les dimos cariño, mañana puede que ya no estén con nosotros. Cada día y cada oportunidad son únicos.

Lo mismo cuando te despiertas… no protestes, no te pelees con nadie. Primero, estírate, bosteza, dile a tu familia que la amas, si no tienes familia, díselo a tus perros y si no díselo a la imagen que ves en el espejo. Después de todo eso, prepara las actividades que deberás desarrollar, pero nunca antes de haber realizado ese ritual.

# Nunca es tarde para elegir una nueva profesión

*S*usana es odontóloga. Ama su profesión. Sin embargo, en un momento determinado de su vida, sintió que ya no se sentía tan encantada con ella y que incluso se tornaba, en ciertas circunstancias, aburrida. Se puso a investigar qué otros estudios podían atraerla, qué otras cosas podían despertar su curiosidad. Entre averiguaciones en instituciones, academias, universidades, se encontró con algo que realmente despertó esas «ganas renovadas» que ya no tenía. Comenzó a sus cincuenta años a estudiar coaching ontológico. Actualmente, si bien sigue con su consultorio odontológico, dos veces por semana se dedica a su nueva pasión, que generó un cambio tan importante en su vida.

Nunca es tarde para realizar nuevos planes. Mientras existan fuerzas y deseos de cambio, todo es posible. Nadie nace contable, panadero, operario, secretaria, sino que a fuerza de elecciones basadas en gustos, influencias familiares o circunstancias diversas, vamos llevando nuestra vida por ciertos rumbos. Sin embargo, nada me impide, si circulo por una ruta, virar y avanzar por otra, porque la existencia se compone, entre otras cosas, de transformaciones, de modificaciones. Hoy puedo ser ama de casa, mañana maestra y pasado, conductora de camiones. Lo que no se debe hacer es «dar todo por hecho».

Abandonarse a un supuesto destino fijado es el peor error que se pueda cometer.

No hay nada tan estimulante como encarar un nuevo modo de vivir. Tiene sus riesgos, pero también aporta la adrenalina que es tan necesaria para no ir dormidos por la vida. Anímate, no desistas, comienza la búsqueda de lo que te llenaría de alegría y energía.

# Siempre podemos ser niños

*A* medida que crecemos vamos perdiendo todas esas cosas maravillosas que disfrutábamos en nuestra infancia, la imaginación se va destiñendo, los juegos se dejan de lado, la vergüenza gana terreno en muchas áreas y la realidad se solidifica con normas, obligaciones y creencias.

Nadie toma en serio lo que sí es serio: perder inocencia, la capacidad de divertirse con nimiedades, la confianza en los demás, la magia que envuelve cada cosa.

Entonces… algo hoy se nos impone como el respirar: sacar ese niño que llevamos dentro para ser seres completos y felices.

Eso de exteriorizar al niño no significa volvernos inmaduros o irresponsables, sino recuperar esa mirada que nos hacía ver todo más grande, luminoso, gracioso, divertido, enigmático, mágico.

Si no nos permitimos, de vez en cuando, hacer payasadas, tonterías, jugar, creer en lo que normalmente no creemos, nos convertimos en personas rígidas, anquilosadas, descreídas, desconfiadas. Por no quedar en ridículo nos vestimos como se visten todos, opinamos lo que opinan todos, hacemos lo que debe hacer «la gente grande».Y nos privamos de pisar los charcos que quedan luego de un día de lluvia, de ponernos un sombrero que nos gusta, de usar esa camisa que dice VIVA SANTA CLAUS, de creer en los gnomos, de tomar una leche chocolatada y que nos quede chocolate en la punta de la nariz, de salir a la calle todo desaliñados porque en la calle hay montones de tesoros que esperan ser descubiertos, de reírnos por tonterías, de pasar tiempo soñando.

# Sánate con la medicina holística

La medicina holística (MH) consiste en un método de sanación que no sólo se ocupa del cuerpo sino también del alma y de la mente. Para ello emplea tanto terapias tradicionales como alternativas. Para la MH, cuando una persona enferma, no tiene sólo un órgano con problemas, un resfrío, un tumor, sino una serie de alteraciones emocionales, espirituales, físicas y psicológicas que se manifiestan y desencadenan en una sintomatología específica.

Es por esto que cuando asistimos a un médico holístico, este no va directo a la sintomatología sino que ataca la dolencia desde todos los frentes, para sanar y equilibrar a la persona en su totalidad. Estudiando y analizando los problemas internos se logra sanar lo que se manifiesta corporalmente.

En el ejercicio de la MH se suelen utilizar medicamentos y practicar cirugías, pero también se ve al ser humano como un todo y no como una parte. Puede que, por ejemplo, consultemos al médico holístico por una gastritis y él nos pregunte, además de las sensaciones físicas, por creencias, pensamientos, emociones, la manera en que nos relacionamos con los demás, etcétera.

Con todos los datos obtenidos más algunos estudios realizados, no sólo recetará ciertos fármacos (tal vez) o una medicina homeopática sino que, además, nos sugerirá cambios en nuestro estilo de vida, tales como hacer ejercicio, hacer terapia psicológica, alimentarnos de manera más sana, trabajar sobre aspectos de nuestra personalidad.

De este modo, abarcando en su totalidad al paciente, no sólo se cura el dolor o la molestia puntual sino que se evita el desarrollo de nuevas enfermedades.

# Protegerse de la doble moral

La hipocresía es uno de los grandes males que rondan por el planeta. Suele tratar de hacer pasar por bueno lo que es malo y lo que es malo por bueno para concretar sus fines. Todo se puede distorsionar para conseguir la meta deseada… es su lema principal.

Las personas hipócritas o con doble moral desfiguran la verdad para adaptarla a sus necesidades y eso conduce a la confusión de quienes las rodean

Tales personas, en el ámbito de lo cotidiano, pueden provocarnos verdaderos dolores de cabeza, porque cualquier norma o convenio establecido se retorcerá y cambiará según su conveniencia. Hoy una cosa puede ser mal vista y mañana bien vista. Puede, al mismo tiempo que reprende a la infidelidad, estar practicándola. Puede, al mismo tiempo que declara estar en contra de los que cazan animales, tener un negocio que comercia con pieles. Puede, al mismo tiempo que reprende a sus hijos por tener algunas conductas impropias, ser estafador.

Para defenderte de estas personas, lo importante es que poseas gran claridad mental para poder diferenciar lo correcto de lo incorrecto y para detectar a tiempo cuándo te quieren vender «gato por liebre».

Si con serenidad y la mente despejada desechas sus falsos argumentos, difícilmente lograrán convertirte en víctima.

# *Fundamental para tu paz interior: zazen*

El zazen es la «perla» del zen. Se trata de la meditación en postura de loto. Esta práctica brinda calma, placer, relajación profunda y renovación espiritual. ¿Cómo se practica? Sentados en un lugar cómodo (manta, almohadón, piso) se colocan las piernas en posición de semiloto o loto. No hay que forzar al cuerpo.La espalda deberá mantenerse derecha. El mentón deberá acercarse al pecho (ligeramente) para que se estiren las cervicales. Se colocan las palmas de las manos hacia arriba. Mano izquierda sobre derecha. Las puntas de los pulgares deben tocarse. Los hombros deben relajarse. La lengua tocará el paladar y la vista deberá descansar en un punto lejano pero sin mirar nada en particular. Algunos prefieren o necesitan cerrar los ojos. Una vez que adoptamos la postura correcta, empezaremos a respirar de otra manera, ya que la misma postura nos lleva a ello: expiraremos e inspiraremos lenta y suavemente por la nariz. Una vez regularizada la respiración, dejaremos que nuestra mente vaya por donde quiera (como si viéramos diapositivas) pero sin detenernos a pensar en las imágenes que vemos, sin involucrarnos con ellas. Al principio, será difícil no concentrarnos en alguna cuestión particular. Con la práctica lograremos que nuestras ideas se transformen en imágenes que pasan sin alterarnos y, finalmente, llegaremos al punto en que ellas desaparecerán (por microsegundos al principio, luego, por tiempo más prolongado) y entraremos en la concentración profunda. Cuando acompañamos postura, respiración y concentración es posible bajar los decibelios de estrés y entrar en una sensación de paz y calma. Requiere práctica diaria, constancia, pero con el correr de los días sus beneficios se sienten. Poco tiempo, pero todos los días.

# *Amistades abusivas*

A veces, por cariño hacia nuestro amigo o amiga y por costumbre, toleramos actitudes que no soportaríamos en otras personas. Los lazos son difíciles de romper cuando hay sentimientos en juego y muchos, sabiendo esto, se extralimitan en los pedidos de favores, en contestaciones desubicadas, en acciones poco educadas. A pesar de todo, en nombre de la amistad, respiramos hondo y seguimos permitiendo estos comportamientos.

Sin embargo, cuando esta mala actitud se prolonga o intensifica, es necesario ponerle un freno, incluso a costa de perder esa amistad.

Será necesario, entonces, hablar, conversar para llegar a un acuerdo. Si tal cosa no se produjese, será fundamental una ruptura.

La amistad no es como en los libros de cuentos, en donde todo es maravilloso y repleto de amor incondicional. En la realidad, las amistades a veces no son tan profundas e incondicionales y, de hecho, poseen bastantes grietas, pero de todos modos se puede sostener ese vínculo especial, siempre y cuando exista en ambas partes el ánimo de ayudar al otro, cambiar algunas cosas que molestan, que son dolorosas o abusivas en la relación.

Si existen las ganas de conversar y cambiar, continuar es posible. Si esas condiciones no se dan, lo mejor será que cada uno siga un rumbo diferente como medida para la sanidad mental y emocional.

# ¡¡Fuera timidez!!

No es fácil lidiar con la timidez. El terror a la desaprobación, a la crítica, a quedar en ridículo condena a mucha gente al ostracismo, a la soledad… estamos ante lo que se denomina automarginación.

Es completamente cierto que si nos caemos en la calle, alguien entre la multitud seguramente se reirá, también es cierto que si damos un discurso y nos equivocamos, alguien nos señalará. Obviamente, también es cierto que podemos exponer una idea que a muchos pueda parecer una tontería y por la que nos desaprobarán, pero, ¿no vale la pena correr el riesgo de exponernos antes que encerrarnos o vivir en silencio?

Por supuesto que vale la pena.

¿Qué importa si se burlan o están en contra de algo que dijimos? ¿Acaso es importante caer en gracia a todo el mundo?

Es complicado, hoy más que nunca, hacer frente a los errores o ridiculeces que cometemos, pues está de moda que las personas estén por todos lados con sus móviles filmando todo y «viralizándolo» en Internet. Es probable que si nos tropezamos en Madrid, a los pocos minutos los japoneses se estén riendo…

La pregunta sigue imponiéndose: ¿acaso importa?

Debemos aprender a vivir con este tipo de cosas, es necesario, de paso, reírnos de nosotros mismos. No hay que tomarse la vida tan en serio. Y si se burlan… mala suerte… ya pasará, pero mientras salimos al mundo e hicimos lo que queríamos hacer.

# El trauma de la venganza

¿Tú crees que vengarte sacará de ti la ira que sientes? ¿Piensas que te calmarás y que saldrás airoso? ¿Tal vez tienes la idea de que te sentirás más feliz? No estés tan seguro de la respuesta.

Una de las más antiguas pasiones del ser humano es la de la venganza. Por ella ocurrieron grandes desastres… muertos, heridos, marginados y la lista sigue. Pocos soportan un desaire o una ofensa sin esta sed del ojo por ojo. Sin embargo, hasta el día de hoy nunca se han comprobado buenos resultados. Tanto el vengador como el ofendido terminan mal.

La venganza no sana heridas. Por el contrario, las abre más, las deja por más tiempo expuestas… fomenta más violencia, e incluso puede darse el caso de un círculo de ataque y contraataque sin fin. No hay modo de sacar algo bueno de ella.

El hecho mismo de desear la venganza es como tomarse todos los días un vaso de veneno y tratar de que se muera el que ofende. Y si la venganza se concreta, el vengador no saldrá ileso de allí, pues en su organismo quedará dando vuelta ese líquido envilecedor.

Si no posees, por lo menos en este momento, la capacidad de perdonar, porque quizá la ofensa fue muy grande, por TU PROPIO BIEN detente, trata de focalizarte en otros asuntos, involúcrate en actividades que te distraigan de ese objetivo y quizá con el tiempo logres sanar. Que te vengues no borrará la cicatriz, la profundizará.

# ¿Tu casa te roba energía?

El espacio que habitamos tiene una enorme influencia en nuestros estados de ánimo y, por ende, en las actividades diarias que realizamos y las emociones que nos atraviesan. Por ello es tan importante vivir en un espacio en el que nos sintamos plenamente seguros y confortables. Entonces, sin importar qué tan grande o pequeño sea el lugar donde vivimos, será fundamental adecuarlo a nuestro gusto y comodidad. En este sitio, los detalles no serán lo de menos sino lo de más valor. Los muebles, la iluminación, los colores tendrán una gran relevancia. No por nada el feng shui influenció tanto a la arquitectura como al diseño occidental. Por ejemplo, determinadas decoraciones pueden traer recuerdos desagradables y otras, recuerdos sumamente placenteros, lo que se traducirá en un hogar con buena o mala energía.

Cuando las personas no se encuentran cómodas en sus casas, es porque estas no se prepararon adecuadamente conforme al gusto de sus habitantes y, entonces, la incomodidad se traduce en hastío, disgusto, tedio e incluso ira. Ese hogar comienza a consumir toda la energía positiva que poseíamos y la convierte en negativa.

Toma nota de estos puntos para transformar tu casa en un verdadero hogar:

- Prepara tu hogar de acuerdo con tu gusto, no con lo que dicte la moda.
- Elige bien los colores que dominarán en cada ambiente.
- Ten presentes las fragancias que ubicarás en ellos.
- Distribuye objetos que evoquen bellos recuerdos.
- Privilegia más los espacios vacíos y con luz en lugar de los repletos de cosas y oscuros.
- Sin entrar en la obsesión, cuida el orden y la limpieza, esto transmitirá orden y limpieza mental y emocional.

- Elimina cualquier cosa que te desagrade aunque sea funcional, pues de no hacerlo, estos muebles u objetos terminan produciendo malestar e inquietud.
- Si son de tu agrado, pon algunas plantas en el interior de tu hogar, pues son excelentes purificadoras de las malas energías. Además brindan sensación de estar en un lugar oxigenado y natural.
- Fíjate en la disposición de los muebles, pues cada posición puede brindarte diferentes sensaciones.

# Sobre la muerte y el más allá

Quien más quien menos, todos elaboramos en algún momento fantasías sobre la muerte y el «más allá». Algunos se detienen más en el final y otros en lo que le sigue. Y este tipo de temor o de curiosidad es una constante que se ha manifestado desde la Antigüedad.

Mientras esta inquietud se mantiene dentro de lo que podría denominarse parámetros normales, es algo que no debe preocuparnos. El problema surge cuando la curiosidad es reemplazada por la obsesión y el respeto por la muerte en terror.

Sin ir más lejos, la «tanatofobia» es, como su nombre lo indica, una fobia a la muerte, que se manifiesta como quien padece aracnofobia, agorafobia. Y justamente ese terror a la muerte es lo que más te acerca a ella.

El pánico y el miedo son grandes detractores de la salud física, emocional y mental. Cuando su presencia es muy fuerte pueden conducirnos incluso a lo que con tanta desesperación se quiere escapar: el final de la vida.

Otros se obsesionan tanto con esa vida posterior que se desconectan de su realidad y se dedican de lleno a las averiguaciones sobre esa otra realidad.

La cuestión es preocupante. Y es que mientras tantos gastan energías temiendo a la muerte o pensando en lo que viene tras ella, se pierden el aquí y el ahora, pierden todo lo que está relacionado con la energía vital, la vida, la fuerza creadora, y se conectan con algo que no les está permitido manejar o dominar… ni siquiera comprender.

Hay que dejar el temor a un lado para dedicarse a festejar el estar vivos. El verdadero misterio no está en la muerte sino en la vida y cada obra de Dios.

# Tres excelentes efectos del té en nuestro cerebro

Cuenta una de las tantas leyendas acerca del té que mientras Buda meditaba, vio en su mente la triste condición del hombre, todo lo que lo hacía sufrir. Ante tal panorama, de sus ojos comenzaron a salir lágrimas y allí, en el lugar donde cayó la primera, surgió la planta del té… infusión de la que se serviría para calmar los dolores y el desconsuelo de la humanidad.

Se sabe que el té ha generado fanáticos. Se han creado rituales, variedades de él, ceremonias, significados y aplicaciones. Actualmente, la comunidad científica lo recomienda por los efectos benéficos que produce en nuestro sistema nervioso. Estos son algunos de sus resultados:

1. Ayuda a concentrarnos mejor porque la teína actúa sobre las redes neuronales.
2. La teína, también, es muy buena para poder relajarnos, sin darnos sensación de somnolencia.
3. Algunos estudios científicos confirman que no sólo es benéfico para la memoria sino que se lo emplea para mejorar o prevenir ciertas enfermedades neurodegenerativas como la de Alzheimer.

A veces, tras algo aparentemente sencillo se encuentra una gran respuesta. En este caso, el consumo de té nos aporta calma, concentración y salud.

Cuando es posible reemplazar el consumo de medicamentos por productos naturales con efectos benéficos, no hay que dudarlo. Sencillamente hay que hacer el cambio cualitativo.

# Flores de Bach para tus diferentes estados emocionales

Edward Bach fue el médico que investigó y sistematizó la aplicación de las flores para equilibrar el estado emocional de las personas. Se emplean 38 esencias florales, cada una con características y usos diferentes, destinadas a tratar trastornos psíquicos y sus manifestaciones en el cuerpo.

Bach basó sus investigaciones en las del Dr. Hahnemann. Este apuntaba a tratar a la persona en lugar de centrarse en la enfermedad, ya que las dolencias y sintomatologías se presentan como consecuencias de desequilibrios emocionales.

Para mejorar el efecto de las flores, las organizó en siete grupos, cada uno correspondiente a la misma categoría emocional, y una mezcla de cinco esencias florales para «circunstancias de emergencia».

Esta terapia, al no poseer contraindicaciones o efectos adversos, puede aplicarse a todo tipo de personas; incluso se ha utilizado con mucho éxito en las mascotas.

De tal modo, si se quiere probar sanaciones diferentes a las tradicionales, consultar con un terapeuta floral podría ser una opción interesante y un aprendizaje, pues todo lo nuevo implica ampliar la mente e incorporar información.

# Regresiones a vidas pasadas

Hablar de reencarnación es algo complicado… algunos pueden creer y otros no. Sin embargo, desde épocas remotas se creía en ella y se han hecho miles de investigaciones para determinar qué tan verídica es la cuestión. Por ejemplo, el bioquímico, doctor en medicina y profesor universitario de psiquiatría canadiense, Ian Stevenson, logró documentarmás de 3.000 casos en los que se comprueban experiencias de vidas pasadas.

La aparición, pues, de la terapia de regresión surgió a partir de la necesidad de resolver problemas actuales pero que de alguna manera se perciben muy lejanos en el tiempo, ajenos a este momento en que se vive.

La Terapia de Regresión a Vidas Pasadas es una terapia por la cual se logra evocar recuerdos, algunos lejanos y otros cercanos, incluso de otras épocas muy anteriores a la actual.

El modo de realizar esta regresión es a través de hipnosis, relajación profunda o visualización, para alcanzar un estado alterado de conciencia. Una vez alcanzado este estado, empieza la regresión propiamente dicha. Allí se comienza a retroceder en el tiempo hasta llegar a esas vivencias que son las que nos producen el trauma actual.

Esto no significa que al recordar o al hallar el nudo del conflicto automáticamente se solucione todo, sino que al acceder e identificar la raíz del problema será posible emprender todo un trabajo de curación respecto de la problemática por la cual hicimos la consulta con el terapeuta.

# Otra propuesta: libera tu cuerpo de tensiones con la antigimnasia

*S*e trata de un método creado por Thérèse Bertherat en el que se trabaja con cada persona como una unidad compuesta por cuerpo, mente y espíritu, a diferencia de la gimnasia tradicional que sólo opera con el aspecto físico. Es de vital importancia para la antigimnasia «el dominio que la cadena muscular posterior mantiene sobre el cuerpo». Tal como diría Bertherat respecto de esa zona: «Es como un tigre que vive agazapado en los músculos de la parte de atrás del cuerpo: la espalda, pero también la nuca, las lumbares, las nalgas, la parte de atrás de los muslos y de las dos piernas, debajo de los dos pies y de los diez dedos». De modo que este método pone el acento en toda la parte posterior de cuerpo porque es allí donde nacen muchas de las patologías tales como lumbalgias, dolores de cuello, contracturas de todo tipo. Las clases tienen una duración de una hora y media, son grupales y se organizan en ciclos. Si bien se trabaja mucho la parte posterior, se involucran además todos los músculos del cuerpo, pero trabajándolos puntual y conscientemente y con movimientos muy precisos. A esto se le suman reflexiones acerca de las sensaciones y los sentimientos que aparecen durante los ejercicios, sobre todo cuestiones emocionales, ya que cuando movemos nuestro físico, se operan cambios en nuestras emociones.

# El día que Mercedes empezó a vivir

«*M*uchas cosas estaban mal en mi pareja. Casi todos los días discutíamos por algo. A veces, las disputas comenzaban por el tema del dinero, seguían con problemáticas de los niños y terminaban con reproches acerca de hechos sucedidos tiempo atrás. Todo venía bien para iniciar una pelea. Él cada vez buscaba más excusas para llegar tarde a casa y yo no paraba de enfermarme. Mi estómago y mi cabeza eran como volcanes en erupción... me anulaban, me entorpecían, me dejaban absolutamente paralizada y tirada en la cama.

Consultaba continuamente con médicos que me indicaban estudios de todo tipo, pero nunca obtenía un diagnóstico concreto; en su lugar, lo que conseguía era una cantidad astronómica de pastillas. Cada una a la vez que me arreglaba algo me desarreglaba otra cosa. Y así iba por la vida... tapando todos los huecos emocionales con medicamentos y enfermedades poco definidas.

Yo sabía dónde estaba la causa de mis males, pero no quería tomar la decisión. Me aterrorizaba pensar en una separación, en cómo lo tomarían los niños, en afrontar una nueva economía, la soledad... en fin... pensar en rehacer mi vida me daba pánico.

Sin embargo, en una ocasión, tras llorar mucho y temblar ante la decisión que estaba a punto de tomar, dije las palabras que lograrían curarme y curarnos: debemos separarnos. Fue duro para ambos, por todo el tiempo que vivimos juntos, porque en el fondo ambos temíamos empezar de cero, sin embargo, a los dos nos hizo bien dar el paso. Desde hace tiempo, no me enfermo, no tomo pastillas, mis hijos entendieron la situación y aprendieron a vivir con sus padres separados y hasta tengo una nueva pareja con la que mantengo una relación sana, madura y feliz».

# *Cómo pedir milagros*

*H*ay quienes definen a los milagros como eventos extraordinarios ocurridos por la intervención de Dios, pero otros prefieren entenderlos tan solo como hechos asombrosos, sin participación divina alguna y que escapan al entendimiento.

Ahora bien, si aceptamos los milagros como una obra de divina, obtenerlos implica varias consideraciones:

1. Cambiar la manera de ver las cosas. Un milagro puede ser que alguien se cure de una enfermedad terminal, puede ser salir ilesos de un accidente, pero también lo es poder ver cómo se abre una flor cuando sale el sol, poder reunir a toda la familia, aunque sea en contadas ocasiones, recuperar capacidad de amar (porque no todos la poseen), etcétera.

2. Abrirse a lo inexplicable.

3. Comunicarse con Dios, hablar con Él, por medio del diálogo tal como lo mantenemos con otras personas o por medio de la oración.

4. Cuando solicitamos un milagro debe ser algo razonado, deseado, anhelado.

5. Es muy importante saber agradecer por las maravillas obtenidas. Pero el agradecimiento no debe quedarse solo en la palabra, sino transformarse en hechos que apunten a hacer el bien.

6. Si bien la duda es algo común en los humanos, aprender a confiar más en el poder divinoes esencial para que suceda todo aquello que necesitamos y anhelamos.

7. Es fundamental bendecir cada acto, cada persona, cada hecho, pues funciona como un ejercicio para el corazón y es una manera formidable de conectar con Dios.

8. Debemos dejar de lado lo negativo y concentrarnos en lo bello que nos rodea. Estamos tan acostumbrados a quejarnos y ver el lado malo de las cosas que no percibimos todo lo hermoso y bueno que nos rodea.

9. Brindarse a los demás, sin excusas, sin postergaciones, porque eso nos acerca más a lo milagroso. De hecho, cada uno de nosotros podemos hacer pequeños milagros para los demás.

10. Finalmente y esencial es amar. Porque cuando amamos todo lo bueno y grandioso puede suceder.

# Protección de los arcángeles

Existen seres de luz que se encuentran a nuestro alrededor, que están dispuestos a ayudarnos si les pedimos su socorro y compañía. Cada uno de ellos (ángeles y arcángeles) posee características y dones especiales, por lo tanto es interesante invocarlos de manera adecuada según la situación que necesitamos resolver.

Veamos algunos ejemplos:

Si deseas apartar de ti el miedo y necesitas coraje para enfrentar ciertas situaciones, acude al arcángel Miguel (jefe del ejército celestial). Con su escudo te protegerá.

El arcángel Rafael (protector de la salud, del noviazgo y de los viajeros) posee un gran poder para curar tanto el cuerpo como el alma y se debe acudir a él cuando se necesita apartar dolencias y sufrimiento. Los viajeros y los novios también suelen solicitar su protección.

Cuando precisas comunicar algo, expresarte con claridad o contar tu verdad, pídele al arcángel Gabriel (mensajero celestial) su asistencia.

Uriel (encargado de la Tierra y de los templos de Dios), por ejemplo, es un arcángel especial para cuando te encuentras estancado o paralizado y no tienes energía para afrontar proyectos o, incluso, las actividades cotidianas.

Muchos acuden a Raguel porque es el arcángel de la imparcialidad, la justicia y la armonía. Barachiel es conocido como el arcángel de la risa y se lo considera guardián de los matrimonios. Ayuda a mejorar la comunicación y el amor y aleja el enojo en la pareja. El arcángel Chamuel protege también las relaciones amorosas. Alguien a quien se dirigen en pocas ocasiones es Jofiel. Él es el arcángel de la sabiduría y la iluminación. Por eso, cuando tenemos conflictos o nos hallamos en situaciones que no podemos resolver es importante comunicarnos con él y solicitar que nos ayude a encontrar la solución, la salida del problema.

Los arcángeles son tus aliados. Cuando te comuniques con ellos, no desde el temor sino desde la verdadera fe y el corazón, ellos te ayudarán.

# Sé parte de cadenas de oración

Realizar buenas acciones es magnífico, pero si además las hacemos en grupo, la sinergia genera una cantidad enorme de beneficios y su alcance es inmenso.

Las cadenas de oración son un excelente ejemplo de lo que puede hacer un conjunto de personas que tienen como meta ayudar a otra, a varias o luchan por alguna causa en particular.

De hecho, en estos últimos tiempos se invitan amás personas a participar a través de las diferentes redes sociales y los resultados son sorprendentes.

Algunos, incluso, creen fervientemente que la oración junto con una promesa es aún más efectiva que la oración sola.

«Sara, cuando tenía 40 años, recibió una noticia muy fuerte: su esposo tenía una enfermedad terminal. Los médicos le dijeron que le quedaba poco tiempo de vida. Él, ella, los niños y el resto de la familia estaban devastados por semejante diagnóstico. El ambiente que reinaba en la casa era sumamente triste y Antonio, además de su enfermedad, comenzó a padecer depresión. Sin embargo, Sara, por su familia, no quería rendirse, no quería bajar los brazos y deseaba luchar. Entonces, empezó a llevar a su esposo a realizar otros tratamientos y, además, decidió pedirle a Dios que los ayudara. Ella, entonces, habló con sus familiares y amigos para comenzar una cadena de oración y a cada uno le solicitó que incluyera más gente en esta cadena. Lentamente, Antonio comenzó a sentir una energía especial que invadía su cuerpo, percibía el amor de la gente que oraba por él. Personas con las que jamás había hablado lo llamaban para decirle que lo apoyaban y recibía muchísimos mensajes incitándolo a que siga luchando por su salud. Contra todo pronóstico, él comenzó a sentirse más fuerte, más lleno de vida y con el tiempo logró vencer a la enfermedad».

No existen fórmulas absolutamente acertadas, jamás se crearon medicamentos o tratamientos infalibles, tampoco es cien por ciento seguro que orar salve vidas. Milagros ocurren, Dios ayuda, la oración cura, pero si no fuera lo suficientemente efectiva, el amor que se transmite a través de acciones como las cadenas hace que la gente que se siente mal, triste o esté padeciendo alguna dolencia se sienta acompañada, querida y cuidada.

Es algo que vale la pena realizar.

# ¿Estás al borde del estrés enloquecedor?

*P*or lo general, intuimos que estamos muy agotados y con ganas de tomarnos vacaciones, pero nunca sabemos hasta qué punto necesitamos ese descanso. Es difícil determinar cuándo ya estamos en un nivel de estrés tan grande que si no frenamos, podemos enfermar gravemente.

Por eso es tan importante tomarse unos minutos y hacerse una suerte de autochequeo sobre nuestro estado general, para determinar si ya es hora de detenernos y dedicarnos a nuestra salud mental y psicológica.

1. ¿Tienes problemas para dormir o te despiertas durante el sueño?
2. ¿Te duermes en horarios poco comunes?
3. Aunque logres dormir, ¿te levantas como si no hubieras descansado en absoluto?
4. ¿Cualquier problema te parece enorme o insuperable?
5. ¿Te sientes más irritado que de costumbre?
6. ¿Estás más sensible e iracundo?
7. Ante cualquier problema que te cuesta resolver, ¿reaccionas de manera desproporcionada?
8. ¿Los asuntos que normalmente resuelves te producen angustia?
9. ¿Estás cometiendo más errores que los que habitualmente cometes?
10. ¿Tienes un rendimiento menor en las labores que desarrollas?
11. ¿Te enfadas con más facilidad y respondes mal ante cualquier consulta o propuesta que te formulan?
12. ¿Estás notando que la gente critica tu mal humor y se aparta de ti?
13. ¿No quieres afrontar ningún nuevo proyecto porque tienes una sola idea fija: dormir y descansar?

Si a muchas de estas preguntas respondiste afirmativamente, significa que es hora de tomarte un tiempo para relajarte y tomar distancia del trabajo, de las obligaciones y los compromisos. Se trata de una decisión muy seria. El estrés no debe ser tomado a la ligera, pues es causa de muchas enfermedades. Si eres inteligente, ya mismo plantéate aunque sea un breve descanso porque será altamente beneficioso para el resto de tu vida.

# Viajar como forma de explorar y crecer

Viajar es emocionante y aunque puedan aparecer contratiempos en el camino, se trata de una experiencia que jamás se olvida.

Lo más interesante es que abre la mente, la expande, pues además de ponernos en contacto con paisajes completamente diferentes a los habituales, se conoce gente nueva, con diferentes idiosincrasias, rituales, ideas. Cuando se viaja se hace necesario no juzgar sino adaptarnos a la cultura del país que visitamos, aceptar sus costumbres, alimentos, todo. Es un gran ejercicio mental, pues es una hermosa manera de desestructurarnos, de romper con la rutina de nuestras vidas. También se pondrá a prueba la capacidad para resolver dificultades que se presenten tales como el idioma, el manejo del dinero, la programación de excursiones, el conseguir lugares adecuados para descansar.

Recorrer, entonces, se convierte en toda una suerte de instrucción, de camino hacia una nueva forma de ser, de entender y, sobre todo, es una maravillosa forma de romper con la agobiante rutina.

# Ayurvedízate

Ayurveda es un sistema de medicina tradicional de la India. De acuerdo con este sistema, nuestro organismo se encuentra compuesto por tres principios fundamentales conocidos como principios metabólicos o doshas: vāta (aire) representa la unión del aire y el éter, pitta (bilis) representa la unión del fuego y el agua, kapha (flema) representa la unión del agua y la tierra, los cuales manejan todas las funciones de nuestro cuerpo y nuestra mente. Ayurveda, justamente, de acuerdo con el dosha predominante en cada persona, aplicará una curación específica. A continuación se detallan las características de cada dosha.

**Dosha vāta:** Aquellos que presentan un predominio de este dosha son delgados, de piel clara, seca, sensible, cabello seco, venas marcadas, estructura ósea reducida, y son ansiosos.

**Dosha pitta:** Presentan estructura ósea mediana, piel sensible, cabello fino de tonos suaves y venas traslúcidas. Padecen problemas gastrointestinales y viven en tensión.

**Dosha kapha:** Tienen complexión grande, tienden a ganar peso fácilmente, su piel es grasa, el cabello graso, grueso y oscuro. Cuentan con un carácter pacífico y son calmados.

Cuando se realiza una consulta con un terapeuta ayurvédico, es posible que se den algunos pasos tales como:

Determinación del tipo de dosha que prevalece con más fuerza.

Lectura de pulso para detectar los distintos desórdenes que afectan a la persona.

1. Masajes.
2. Meditación.
3. Aplicación de musicoterapia y aromaterapia.
4. Administración de preparados con hierbas y minerales para ir fortaleciendo el sistema inmunológico.
5. Se le enseña al paciente la manera en que debe alimentarse para restablecer la salud.

# ¿Te cuesta pedir ayuda?

*C*uando somos pequeños no dudamos en solicitar ayuda, de hecho es lo usual, pero a medida que crecemos, se nos hace más difícil hacerlo. Esto sucede, en muchos casos, por orgullo, por temor a quedar en deuda, por miedo a dar una imagen de debilidad o porque nos acostumbramos con el tiempo a ser independientes y resolver todo solos aunque reventemos en el esfuerzo. Sin embargo, solicitar que nos apoyen o nos socorran en una emergencia o ante alguna necesidad no está para nada mal porque, a veces, un amigo, un hermano o los padres pueden aportarnos una mirada diferente sobre el problema e incluso pueden tener un modo distinto de resolver la cuestión, más rápido y eficaz, para salir del atolladero en el que nos metimos. La soberbia y el querer parecer superhombres o supermujeres nos sobrecargan con más exigencias y estrés, y al mismo tiempo nos aíslan.

Es que nuestra vida es un entramado social en el que se comparten miles de cuestiones y tipos de relaciones. En esta convivencia es fundamental solicitar colaboración, pedir consejo, brindar apoyo, asistir a quien lo necesite. La comunicación y todos los tipo de interacciones que establecemos con los otros nos enriquecen, nos unen y consolidan lazos de solidaridad.

# Obséquiate placer puro: masaje abhyanga

*A*bhyanga es uno de los masajes más bellos y relajantes que existen. Con él se trabaja cada músculo, se activa la circulación, se produce desintoxicación y vigorización muscular, desbloqueos energéticos y se tocan puntos vitales para que, al terminar la sesión, la persona salga completamente renovada física, mental y emocionalmente. Una de las cosas más apasionantes de este masaje es el empleo de diferentes tipos de aceites con hierbas o esencias especiales (que se aplicarán conforme a la personalidad y el dosha que predomina en cada uno). También, dependiendo de las necesidades de cada paciente, se harán masajes más lentos o rápidos, fuertes o suaves. Lo más interesante de todo es que, al tratarse de una terapéutica tan completa, más allá del aspecto físico se logra un interesante resultado a nivel emocional.

Hay que probar todo lo que esté a nuestro alcance cuando la meta es sentirse bien y en paz.

# ¿Cómo se come un elefante?

A primera vista puede parecer una pregunta extraña, pero sin embargo se trata de una metáfora que hace referencia a la manera en que debemos enfrentarnos a situaciones que nos parecen inabarcables. Un elefante se come poco a poco, a bocados, esa es la respuesta; y las grandes dificultades se resuelven lentamente y por partes.

Supongo que si adquiriste este libro, es porque estabas buscando soluciones, necesitabas hallar recetas para mejorar o salir de ciertas situaciones que te tenían y quizá todavía te tienen mal.

Traté de ofrecerte, a través de estas páginas, un sinnúmero de propuestas para que con ellas pudieras resolver por lo menos algunas de las inquietudes que tienes. Muchas pudieron parecerte simplistas, sin embargo, es lo simple y claro lo que más se necesita cuando se está atascado o inmovilizado. Si pusiéramos fórmulas matemáticas, estadísticas y teorías psicoanalíticas, más que brindarte salidas estaríamos enredándote más. Lo que quisimos darte, más que un sendero sinuoso fue poner en tus manos un camino recto, iluminado, sin baches, con indicaciones para que el viaje que necesitas hacer puedas realizarlo en forma amena, tranquila y sin detenerte.

Las transformaciones son necesarias, sobre todo cuando la angustia o la desmotivación afecta seriamente el desenvolvimiento cotidiano. Y de aquí la metáfora tan interesante del elefante… porque cada día, con cada paso, será imprescindible que inocules pequeñas dosis de cambios, pequeñas dosis de coraje, pequeñas dosis de voluntad. Vivir es acción y toda acción implica ejercitarse.

Deberás, entonces, entrenarte, convertirte en un deportista de los cambios, pues nada se obtiene de la inercia, del temor, de la protesta que muere con la palabra.

Es probable que, como sucediera a Gregorio Samsa (véase *La metamorfosis* de Kafka), algunos no aprueben lo que modifiques, e incluso, pueden intentar sabotearte. Deberás, pues, aprender a detectarlos y esquivarlos para que no te detengan.

Tampoco será bueno que quieras cambiar todo y rápidamente, pues lo que lograrás es poner tu vida patas para arriba y complicando las cosas aún más.

Comienza entonces esta nueva etapa sin prisa pero sin pausa, con muy pequeños pasos, como un niño que recién comienza a caminar. Hazlo con energía mas no con prepotencia, con amor, ternura, alegría, verdaderas ganas de vivir y tratando de ayudar a los demás.

Vive en armonía con tu entorno, quiérete y cuida de ti, pues nadie excepto tú sabe lo que más necesitas para ser feliz.

Haz tu propio milagro y, tal como diría Jesús: levántate y anda.

# Prueba sanarte a través de la animalterapia

Esta terapia, por llamarla de alguna manera, es una prueba más de que salir del egoísmo y fijarse en las necesidades de los otros es altamente curativo. Porque cuando dejamos de pensar solo en nosotros y volvemos la vista hacia otra vida, la existencia se hace más alegre y feliz. Porque hay muchos perros, gatos y animalitos varios que necesitan un hogar, amor y cuidado y, al brindárselos, nos renuevan las energías y nos llenas de regocijo. Porque el hecho de proteger a nuestros compañeros animales nos hace sentir más fuertes y generosos. Porque ocuparnos de ellos es una forma bellísima de agradecer a Dios por toda su obra. Porque al atenderlos y darles cariño contribuimos a que el planeta entero sea más hermoso y cordial. Porque su compañía cura las heridas que llevamos dentro. Porque la generosidad, el amor, la dedicación nos ennoblece y nuestra mente y nuestro corazón se abren a otras realidades más amorosas y felices, en vez de ocuparse de cosas intrascendentes que sólo opacan la luz de cada uno. Porque son verdaderos maestros de la vida, pues nos enseñan a ser desinteresados, fieles, cariñosos y agradecidos y, sobre todo,… son ejemplos vivos del significado del amor.

# Por qué amar a los animales

*Porque lo dan todo, sin pedir nada.*
*Porque ante el poder del hombre que cuenta con armas, están indefensos.*
*Porque son eternos niños.*
*Porque no saben de odios ni de guerras.*
*Porque no conocen el dinero y se conforman solo con un techo donde guarecerse del frío.*
*Porque se dan a entender sin palabras.*
*Porque su mirada es pura como su alma.*
*Porque no saben de envidia ni rencores.*
*Porque el perdón es algo natural en ellos.*
*Porque saben amar con lealtad y fidelidad.*
*Porque dan vida sin tener que ir a una lujosa clínica.*
*Porque no compran amor, simplemente lo esperan y porque son nuestros compañeros, eternos amigos que nunca traicionan.*
*Y porque están vivos.*
*¡Por esto y mil cosas más, merecen nuestro amor!*
*Si aprendemos a amarlos como lo merecen, estaremos más cerca de Dios.*

Madre Teresa de Calcuta

## Por la misma autora:

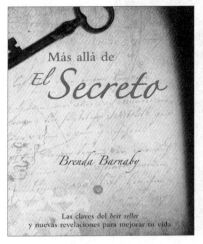

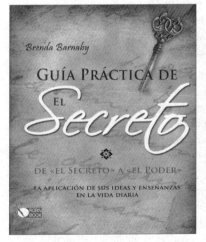

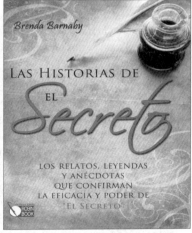

## 333 MANERAS DE SER FELIZ
### Brenda Barnaby

**El nuevo libro de la celebrada autora del gran
*best seller* internacional *Más allá de El Secreto*
nos ofrece sus recetas de la felicidad.**

Después de la serie El Secreto, Brenda Barnaby ha estado trabajando e investigando sobre la felicidad y cómo alcanzarla. Meses atrás publicó *Happy Stories*, un libro muy bien recibido que presenta historias reales que nos permiten descubrir fórmulas para lograr ese estado de paz interior, alegría y satisfacción que llamamos felicidad y con este libro, un recetario imprescindible, completa su propuesta para ser felices.

Decía Benjamin Franklin que la felicidad humana generalmente no se logra con grandes golpes de suerte, que pueden ocurrir pocas veces, sino con pequeñas cosas que ocurren todos los días. Este libro ofrece un sinfín de ideas y temas para reflexionar, para ver la vida desde otro ángulo y producir una transformación positiva en el alma de quien lo lea. Un regalo que ofrece maneras alternativas de pensar y de comportarse con el objetivo de alcanzar una vida plena, llena de esperanza y alegría.